La era
de los
reformadores

JUSTO L. GONZALEZ

Y hasta lo
último de la tierra:
Una historia ilustrada
del cristianismo

TOMO 6

La era
de los
reformadores

editorial
caribe

© 1980 Editorial Caribe
1360 N.W. 88 Ave.
Miami, Fla. 33172, EE.UU.

ISBN: 0-89922-154-8

Cubierta: *Coronación de Isabel la Católica*
Mural del Alcázar de Segovia
Véase la p. 22

Printed in U.S.A.
Impreso en EE.UU.

Dedicatoria

*A mis hermanos de la
Conferencia de Río Grande*

Contenido

Lista de ilustraciones

Cronología

PAPAS	EMPERADORES	CASTILLA	ARAGON	FRANCIA	INGLATERRA	ESCOCIA	ACONTECIMIENTOS
		Isabel I (1474-1504)	Fernando II (1479-1516)		Enrique VII (1485-1509)	Jaime IV (1488-1513)	1492 Descubrimiento de América
Alejandro VI (1492-1503)	Maximiliano I (1493-1519)			Luis XII (1498-1515)			
Pío III (1503)		Juana la Loca (1504-16)					
Julio II (1503-13)							
León X (1513-21)					Enrique VIII (1509-47)	Jaime V (1513-42)	
		ESPAÑA Carlos I (1516-55)		Francisco I (1515-47)			1515 Nuevo Testamento de Erasmo
	Carlos V (1519-56) (el mismo)						1517 Lutero: 95 tesis
							1521 Dieta de Worms

Papas	Monarcas	Acontecimientos
Adriano VI (1522-23)		1522 Loyola en Manresa
Clemente VII (1523-34)		1524-25 Guerra de los campesinos
		1529 Viena sitiada por turcos
		1529 Lutero y Zwinglio rompen
		1530 Confesión de Augsburgo
Pablo III (1534-49)		1534 Inglaterra rompe con Roma
		1536 *Institución* de Calvino (primera edición)
		1540 Sociedad de Jesús aprobada por el Papa
	María Estuardo (1542-67)	1545 Concilio de Trento
	Enrique II (1547-59)	
	Eduardo VI (1547-53)	
Julio III (1550-55)	María Tudor (1553-58)	
Marcelo II (1555)		1555 Paz de Augsburgo

PAPAS	EMPERADORES	ESPAÑA	FRANCIA	INGLATERRA	ESCOCIA	ACONTECIMIENTOS
Pablo IV (1555-59)		Felipe II (1556-98)		Isabel I (1558-1603)		
Pío IV (1559-65)	Fernando I (1558-64)		Francisco II (1559-60) Carlos IX (1560-74)			1559 *Institución* de Calvino (edición definitiva)
						1562 Guerras religiosas en Francia
	Maximiliano II (1564-76)					1566 Revuelta en Países Bajos
Pío V (1566-72)					Jaime V (1567-1625)	1572 San Bartolomé
Gregorio XIII (1572-85)	Rodolfo II (1576-1612)		Enrique III (1574-89)			1576 Pacificación de Gante 1584 Muere Guillermo el Taciturno
Sixto V (1585-90)						1587 María Estuardo es ejecutada

Enrique IV
(1589-1610)

1598 Edicto de Nantes

Felipe III
(1598-1621)

Urbano VII
(1590)

Gregorio XIV
(1590-91)
Inocencio IX
(1591)
Clemente VIII
(1592-1605)

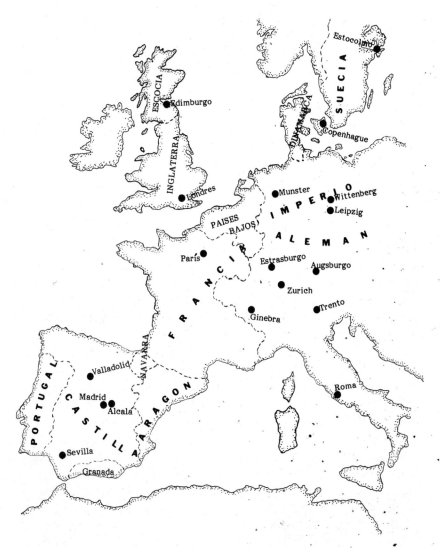

Principales lugares que se mencionan en este tomo

I
Isabel
la Católica

*Primeramente encomiendo mi espíritu
en las manos de mi Señor Jesu Christu,
el cual de la nada lo crió, e por su
preciosísima sangre lo redimió.*

> *Testamento de Isabel
> la Católica*

Aunque ·es costumbre comenzar los libros acerca de la Reforma tratando acerca de Alemania y la experiencia y teología de Lutero,· el hecho es que el· trasfondo político y eclesiástico de la época puede entenderse mejor tomando otros puntos de partida. El que aquí hemos escogido, que podrá parecerle extraño al lector, tiene ciertas ventajas. La primera de ellas es que muestra la continuidad entre las ansias reformadoras que hemos visto repetidamente en el tomo anterior, y los acontecimientos del siglo XVI. Lutero no apareció en medio del vacío, sino que fue el resultado de los "sueños frustrados" de generaciones anteriores. Y su protesta tomó la dirección que es de todos sabida debido en parte a condiciones políticas que se relacionaban 'estrechamente con la hegemonía española.

La segunda ventaja de nuestro punto de partida es que nos ayuda a trazar el marco político dentro del cual tuvieron lugar acontecimientos que frecuentemente se describen en un plano puramente teológico. Catalina de Aragón, la primera esposa a quien Enrique VIII de Inglaterra repudió, era hija de Isabel. Carlos V, el emperador a quien Lutero se enfrentó en Worms, era nieto de la gran reina española, y por tanto sobrino de Catalina. Felipe II, el hijo de Carlos V y bisnieto de Isabel, se casó con su prima segunda María Tudor, reina de Inglaterra y nieta de Isabel. Todo esto, que presentado tan rápidamente puede parecer muy complicado, será explicado más adelante en el curso de esta historia. Lo hacemos constar aquí sencillamente para mostrar la importancia de Isabel y su descendencia en todo el proceso político y religioso del siglo XVI.

Por último, desde nuestra perspectiva hispánica, este punto de partida nos ayuda a corregir varias falsas impresiones que podamos haber recibido de una historia escrita principalmente desde una perspectiva alemana o anglosajona. Durante la época de la Reforma, España era un centro de actividad intelectual y reformadora. Si bien es cierto que la Inquisición fue frecuentemente una fuerza opresora, no es menos cierto que en muchos otros países, tanto católicos como protestantes, había otras fuerzas de la misma índole. Además, mucho antes de la protesta de Lutero, las ansias reformadoras se habían posesionado de buena parte de España, precisamente gracias a la obra de Isabel y sus colaboradores. La Reforma católica, que muchas veces recibe el nombre de "Contrarreforma", resulta ser anterior a la protestante, si no nos olvidamos de lo que estaba teniendo lugar en España en tiempos de Isabel, y a principios del reinado de Carlos V.

Tampoco debemos olvidar que esta "era de los reformadores" que ahora estudiamos fue la misma "era de los conquistadores" a que dedicaremos el próximo tomo. Para la historia escrita desde una perspectiva alemana o anglosajona, la conquista de América por los pueblos ibéricos tiene poca importancia, y aparece como un apéndice a los acontecimientos supuestamente más importantes que estaban teniendo lugar en Alemania, Suiza, Inglaterra y Escocia. Pero el hecho es que esa conquista fue de tanta importancia para la historia del cristianismo como lo fue la Reforma protestante. Y ambos acontecimientos tuvieron lugar al mismo tiempo.

Para subrayar esa concordancia cronológica entre la "era de los reformadores" y la "era de los conquistadores", hemos decidido comenzar ambos tomos con el mismo personaje, frecuentemente olvidado en la historia eclesiástica, en quien se encuentran tanto las raíces de la Reforma como las de la Conquista: Isabel de Castilla, "la Católica".

Esto a su vez quiere decir que al tratar de Isabel en este tomo dirigiremos nuestra atención casi exclusivamente hacia su labor reformadora, dejando para el próximo tomo todo lo que se refiere a su marcha hacia el trono, la conquista de Granada, el descubrimiento de América, y las primeras medidas colonizadoras y evangelizadoras.

La reforma del clero

Cuando Isabel y Fernando heredaron la corona de Castilla, a la muerte del medio hermano de Isabel, Enrique IV, la iglesia española se hallaba en urgente necesidad de reforma. Durante los años de incertidumbre política que precedieron a la muerte de Enrique IV, el alto clero se había dedicado a las prácticas belicosas que, según vimos en el tomo anterior, eran características de muchos de los prelados de fines de la Edad Media. En esto España no difería del resto de Europa, pues sus obispos con frecuencia resultaban ser más guerreros que pastores, y se involucraron de lleno en las intrigas políticas de la época, no por el bien de sus rebaños, sino por sus propios intereses políticos y económicos. Ejemplo de esto fue el arzobispo de Toledo don Alonso Carrillo de Albornoz, quien, como veremos en el próximo tomo, fue uno de los principales arquitectos del alza política de Isabel y de su matrimonio con Fernando.

El bajo clero, aunque privado del poder y los lujos de los prelados, no estaba en mejores condiciones de servir al pueblo. Los sacerdotes eran en su mayoría ignorantes, incapaces de responder a las más sencillas preguntas religiosas por parte de sus feligreses, y muchos de ellos no sabían más que decir de memoria la misa, sin entender qué era lo que estaban diciendo. Además, puesto que el alto clero cosechaba la mayor parte de los ingresos de la iglesia, los sacerdotes se veían sumidos en una pobreza humillante, y frecuentemente descuidaban sus labores pastorales.

En los conventos y monasterios la situación no era mucho mejor. Aunque en algunos se seguía tratando de cumplir la regla

La coronación de Isabel, según un fresco del Alcázar de Segovia. Quien sostiene la Biblia es el arzobispo Alonso Carrillo de Albornoz.

monástica, en otros se practicaba la vida muelle. Había casas religiosas gobernadas, no según la regla, sino según los deseos de los monjes y monjas de alta alcurnia. En muchos casos se descuidaba la oración, que supuestamente era la ocupación principal de los religiosos. A todo esto se sumaba el poco caso que se le hacía al celibato. Los hijos bastardos de los obispos se movían en medio de la nobleza, reclamando abiertamente la sangre de que eran herederos. Hasta el dignísimo don Pedro González de Mendoza, quien sucedió a don Alonso Carrillo como arzobispo de Toledo, tenía por lo menos dos hijos bastardos, a quienes más tarde, sobre la base del arrepentimiento del Arzobispo, Isabel declaró legítimos. Si tal era el caso entre el alto clero, la situación no era mejor entre los curas párrocos, muchos de los cuales vivían públicamente con sus concubinas e hijos. Y, puesto que tal concubinato no tenía la permanencia del matrimonio, eran muchos los sacerdotes que tenían hijos de varias mujeres.

Isabel y Fernando habían ascendido juntamente al trono de Castilla, aunque, según las estipulaciones que habían sido hechas antes de su matrimonio, Fernando no podía intervenir en los asuntos internos de Castilla contra el deseo de la Reina, quien era la heredera del trono. La actitud de los dos cónyuges hacia la vida eclesiástica y religiosa era muy distinta. Fernando había tenido amplios contactos con Italia, y la actitud renacentista de quienes veían en la iglesia un instrumento para sus fines políticos se había adueñado de él. Isabel, por su parte, era mujer devota, y seguía rigurosamente las horas de oración. Para ella, las costumbres licenciosas y belicosas del clero eran un escándalo. A Fernando le preocupaba el excesivo poder de los obispos, convertidos en grandes señores feudales. En consecuencia, cuando los intereses políticos de Fernando coincidían con los propósitos reformadores de Isabel, la reforma marchó adelante. Y cuando no coincidían, Isabel hizo valer su voluntad en Castilla, y Fernando en Aragón.

A fin de reformar el alto clero, los Reyes Católicos obtuvieron de Roma el derecho de nombrarlo. Para Fernando, se trataba de una medida necesaria desde el punto de vista político, pues la corona no podía ser fuerte en tanto no contase con el apoyo y la lealtad de los prelados. Isabel veía esta realidad, y

Isabel y Fernando en oración. Cuadro del Alcázar de Segovia.

concordaba con Fernando, pues siempre fue mujer sagaz en asuntos de política. Pero además estaba convencida de la necesidad de reformar la iglesia en sus dominios, y el único modo de hacerlo era teniendo a su disposición el nombramiento de quienes debían ocupar altos cargos eclesiásticos. Prueba de esta actitud divergente de los soberanos es el hecho de que, mientras en Castilla Isabel se esforzaba por encontrar personajes idóneos para ocupar las sedes vacantes, en Aragón Fernando hacía nombrar arzobispo de Zaragoza a su hijo bastardo don Fernando, quien contaba seis años de edad.

De todos los nombramientos que la Reina pudo hacer gracias a sus gestiones en Roma, ninguno tuvo consecuencias tan notables como el de Francisco Jiménez de Cisneros, a quien hizo arzobispo de Toledo. Cisneros era un fraile franciscano en quien se combinaban la pobreza y austeridad franciscanas con el humanismo erasmista. Antes de ser arzobispo, había dado amplias muestras tanto de su temple como de su erudición. De

[EFFIGIEM CLARISSIMI VIRI, FRANCISCI menij Toletani Præfulis,Simonis Cugnæ Riberæ, Lufitani, epigramma.

Francisco Jiménez de Cisneros.

joven había chocado con los intereses del arzobispo **Alonso Carrillo de Albornoz**, y pasó diez años preso, sin ceder. Después se dedicó a estudiar hebreo y caldeo, y fue visitador de la diócesis de Sigüenza, cuyo obispo se ocupaba de su rebaño más de lo que se acostumbraba en esa época. Decidió entonces retirarse a un monasterio franciscano, donde abandonó su nombre anterior de Gonzalo y tomó el de Francisco, por el que lo conoce la posteridad.

Cuando don Pedro González de Mendoza sucedió al arzobispo Carrillo, le recomendó a la Reina que tomara por confesor al docto y devoto Fray Francisco. Este accedió a condición de que se le permitiera continuar viviendo en un convento y guardar estrictamente su voto de pobreza. Pronto se convirtió en uno de los consejeros de confianza de la Reina, y cuando quedó vacante la sede de Toledo, por haber muerto el cardenal Mendoza, la Reina decidió que Fray Francisco era la persona llamada a ocupar ese cargo. A ello se oponían el Rey, que quería nombrar a su hijo don Fernando, y la familia del fenecido arzobispo, que esperaba que se nombrara a uno de entre ellos. Empero la Reina se mostró firme en su decisión y, sin dejárselo saber a Jiménez de Cisneros, envió su nombre a Roma, donde obtuvo de Alejandro VI su nombramiento como arzobispo de Toledo y primer prelado de la iglesia española. Resulta irónico que fuese el papa Alejandro VI, de tristísima memoria y peor reputación, quien dio las bulas del nombramiento de Cisneros, el gran reformador de la iglesia española.

Cuando el fraile recibió de manos de la Reina el nombramiento pontificio, se negó a aceptarlo, y fue necesaria otra bula de Alejandro para obligarlo a ceder.

Isabel y Fray Francisco colaboraron en la reforma de los conventos. La Reina se ocupaba mayormente de las casas de religiosas, y el Arzobispo de los monjes y frailes. Sus métodos eran distintos, pues mientras Cisneros hacía uso directo de su autoridad, ordenando que se tomaran medidas reformadoras, la Reina utilizaba procedimientos menos directos. Cuando decidía visitar un convento, llevaba consigo la rueca o alguna otra labor manual, a la que se dedicaba en compañía de las monjas. Allí, en amena conversación, se enteraba de lo que estaba sucediendo en la casa y, si encontraba algo fuera de lugar, les dirigía a las monjas palabras de exhortación. Insistía particularmente en que se guardase la más estricta clausura. Por lo general, con esto bastaba. Pero cuando le llegaban noticias de que algún convento no había mejorado su disciplina a pesar de sus exhortaciones, acudía a su autoridad real, y en tales casos sus penas podían ser severas.

Los métodos de Cisneros pronto le crearon enemigos, y tanto el cabildo de Toledo como algunos de entre los franciscanos enviaron protestas a Roma. En respuesta a tales protestas, Alejandro VI ordenó que se detuvieran las medidas reformadoras, hasta tanto pudiera investigarse el asunto. Pero una vez más la Reina intervino, y obtuvo de Roma, no sólo el permiso para continuar la labor reformadora, sino también la autoridad necesaria para llevarla a cabo más eficazmente.

Las letras y la Políglota Complutense

La erudición de Cisneros, y en particular su interés en las letras sagradas, ocupaban un lugar importante en el proyecto reformador de Isabel. La Reina estaba convencida de que tanto el país como la iglesia tenían necesidad de dirigentes mejor adiestrados, y por tanto se dedicó a fomentar los estudios. Ella misma era una persona erudita, conocedora del latín, y se rodeó de otras mujeres de dotes semejantes. Aunque Fernando no era el personaje ignorante que se le ha hecho a veces aparecer, no cabe duda de que su interés en las letras era mucho menor. A Isabel España le debe el haber echado las bases del Siglo de Oro.

Cisneros estaba de acuerdo con la Reina en la necesidad de reformar la iglesia, no solamente mediante medidas administrativas, sino también con el cultivo de las letras sagradas. En esta empresa, la imprenta era una gran aliada, y por tanto Isabel, con la anuencia de Fernando, fomentó su desarrollo en España. Pronto hubo imprentas en Barcelona, Zaragoza, Sevilla, Salamanca, Zamora, Toledo, Burgos y varias otras ciudades. Pero las contribuciones más importantes de Cisneros (con el apoyo de la Reina) a la reforma religiosa en España al estilo humanista fueron la universidad de Alcalá y la Biblia Políglota Complutense.

La universidad de Alcalá, comenzada a construir en 1498, no se terminó sino hasta 1508, después de la muerte de Isabel. Su nombre original era Colegio Mayor de San Ildefonso. El propó-

Fachada de la universidad de Alcalá.

sito de Cisneros era que aquel centro docente se volviera el núcleo de una gran reforma de la iglesia y de la vida civil española. Y ese sueño se cumplió, pues entre quienes estudiaron en el famoso plantel se cuentan Miguel de Cervantes, Ignacio de Loyola y Juan de Valdés. Empero las obras de la universidad de Alcalá son importantes, no sólo en sí mismas, sino también como símbolo del interés de la Reina y de Cisneros en los estudios superiores, pues Isabel protegió asimismo las universidades de Salamanca, Sigüenza, Valladolid y otras.

Tampoco la Políglota Complutense fue obra directa de Isabel, que murió antes de que se completara, sino más bien de Cisneros, aunque indudablemente siguiendo la inspiración reformadora de la gran reina. Recibe el nombre de "Complutense" por haberse preparado en Alcalá, cuyo nombre latino es Complutum. Durante más de diez años trabajaron los eruditos en la gran edición de la Biblia. Tres conversos del judaísmo se ocuparon del texto hebreo. Un cretense y dos helenistas españoles se responsabilizaron del griego. Y los mejores latinistas de España se dedicaron a preparar el texto latino de la Vulgata. Cuando por fin apareció la Biblia, contaba con seis volúmenes (los primeros cuatro comprendían el Antiguo Testamento, el quinto el Nuevo, y el sexto una gramática hebrea, caldea y griega). Aunque la obra se terminó de imprimir en 1517, no fue publicada oficialmente sino hasta 1520. Se cuenta que, al recibir el último tomo, Cisneros se congratuló de haber dirigido "esta edición de la Biblia que, en estos tiempos críticos, abre las sagradas fuentes de nuestra religión, de las que surgirá una teología mucho más pura que cualquiera surgida de fuentes menos directas". Nótese que en estas palabras hay una afirmación clara de la superioridad de las Escrituras sobre la tradición, afirmación que pronto se volvería una de las tesis principales de los reformadores protestantes.

Medidas represivas

Todo lo que antecede puede dar la impresión de que el gobierno de los Reyes Católicos fue tal que en él se permitió la libertad de opiniones y de culto. Pero lo cierto es todo lo contrario. Las mismas personas que abogaban por el estudio de la Biblia y de las letras clásicas estaban convencidas de la necesidad de que no hubiese en España más que una religión, y que esa fe fuese perfectamente ortodoxa. Tanto Isabel como Cisneros creían que la unidad del país y la voluntad de Dios

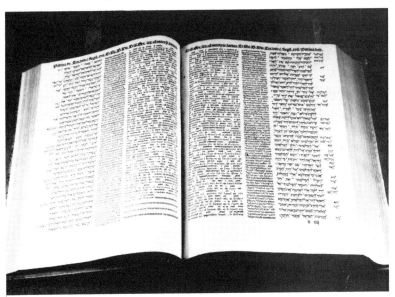

La Políglota Complutense.

exigían ·que se ·arrancara todo vestigio de judaísmo, mahometismo·y herejía. Tal fue el propósito de la Inquisición española, que data del año 1478.

Empero antes de pasar a tratar acerca de·esta forma particular de la Inquisición, debemos recordarle al lector que esa institución tenía viejas raíces en la tradición medieval. Ya en el siglo IV se había condenado a muerte al primer hereje. Después la tarea inquisitorial quedó en manos de las autoridades locales. En el siglo XIII, como parte de la labor centralizadora de Inocencio III, se colocó bajo supervisión pontificia. Así se practicó en toda Europa por varios siglos, aunque no siempre con el mismo rigor.

La principal innovación de la Inquisición española estuvo en colocarla, no bajo la supervisión papal, sino bajo la de la corona. En 1478, el papa Sixto IV accedió á una petición en ese sentido por parte de los Reyes Católicos. Los motivos por los cuales los soberanos hicieron tal petición no están del todo claros. Por una parte, el papado pasaba por tiempos difíciles, y no cabe duda de que Isabel estaba convencida de que la reforma y purificación de la iglesia española tendrían que proceder de la corona, y no del papado. Por otra parte, la sujeción de la Inquisición al poder real era un instrumento valioso en manos de los monarcas, enfrascados en un gran proyecto de fortalecer ese poder.

En todo caso, cuando llegó la bula papal, Isabel demoró algún tiempo en aplicarla. Primero desató una vasta campaña de predicación contra la herejía, al parecer con la esperanza de que muchos abandonaran sus errores voluntariamente. Cuando por fin se comenzó a aplicar el decreto papal, primeramente sólo en Sevilla, hubo fuertes protestas que llegaron a Roma. En 1482, cuando las relaciones entre el Papa y España eran tirantes debido a varios conflictos políticos en Italia, Sixto IV canceló su bula anterior, aduciendo las quejas que le habían llegado desde España. Pero al año siguiente, tras una serie de gestiones en la que estuvo envuelto Rodrigo Borgia, el futuro Alejandro VI, la Inquisición española fue restaurada. Fue entonces cuando se nombró Inquisidor General de la Corona de Castilla al dominico Tomás de Torquemada, cuya intolerancia y crueldad se han hecho famosas.

En Aragón, el reino que le correspondía como herencia a

Fernando, el curso de la Inquisición fue paralelo al que siguió en Castilla. En los últimos años antes del advenimiento de Fernando al trono, la actividad inquisitorial había sido mayor en Aragón que en Castilla, y por tanto el país estaba más acostumbrado a tales procesos. Pero allí también surgió oposición, particularmente por parte de quienes creían que la inquisición real era una usurpación de la autoridad eclesiástica. Al igual que en Castilla, hubo un breve período en que, por las mismas razones políticas, el Papa le retiró a la corona el poder de dirigir la Inquisición, que antes le había otorgado. Pero a la postre Roma accedió a las peticiones españolas, y el Santo Oficio quedó bajo la dirección de la corona. Pocos meses después de ser nombrado Inquisidor General de Castilla, Torquemada recibió una autoridad semejante para el reino de Aragón.

Mucho se ha discutido acerca de la Inquisición española. Por lo general, los autores católicos conservadores tratan de probar que las injusticias cometidas no fueron tan grandes como se ha dicho, y que el Santo Oficio era una institución necesaria. Frente a ellos, los protestantes la han descrito como una tiranía insoportable, y una fuerza oscurantista. La verdad es que ambas interpretaciones son falsas. Los crímenes de la Inquisición no pueden cubrirse diciendo sencillamente que no fueron tantos ni tan graves, o argumentando que era una institución necesaria para la unidad religiosa del país. Pero tampoco hay pruebas de que la Inquisición española, especialmente en sus primeras décadas, fuese una institución impopular, ni que se complaciera en perseguir a los estudiosos. Al contrario, hubo muchos casos en los que los letrados emplearon los medios del Santo Oficio para hacer callar a los místicos y visionarios que representaban a las clases más bajas de la sociedad (y en particular a las mujeres que decían tener visiones). Aunque algunos sabios, como Fray Luis de León, pasaron años en las cárceles inquisitoriales, la mayoría de los letrados de la época veía en la Inquisición un instrumento para la defensa de la verdad.

También hay fuertes indicios de que, al menos al principio, la Inquisición fue una institución que gozó del favor del pueblo. Las tensiones entre los "cristianos viejos" y los conversos del judaísmo eran enormes. Aunque durante buena parte de la Edad Media España había sido más tolerante hacia los judíos que el resto de Europa, en la época que estamos estudiando, y ya desde un siglo antes, las condiciones empezaron a cambiar. El creciente sentimiento nacionalista español, unido como estaba a la fe católica y a la idea de la Reconquista, fomentaba la intolerancia para con los judíos y los moros. A esa intolerancia se le daba un barniz religioso que parecía justificarla. Ahora bien, cuando, ya fuese por motivos de convicción, ya cediendo a la enorme presión que se les aplicaba, los moros y los judíos se convertían, se perdía esa excusa religiosa para odiarlos. Pero aparecía entonces otra nueva razón de la discriminación: se decía que los conversos no lo eran de veras, que secretamente continuaban practicando ritos de su vieja religión, y que se burlaban en privado de la fe cristiana. Luego muchos de los conversos, que pudieron haber creído que las aguas bautismales los librarían del estigma que iba unido a su vieja religión, se vieron ahora acusados de herejes, y sujetos por tanto a los rigores de la Inquisición, en los que consentían los "cristianos viejos", que así podían sentirse superiores a los conversos.

Puesto que su propósito era extirpar la herejía, y para ser hereje es necesario ser cristiano, la Inquisición no tenía jurisdicción sobre judíos o musulmanes, sino sólo sobre los conversos. Contra ellos se aplicó enorme rigor. Mientras la Inquisición medieval había permitido que, en casos excepcionales, no se divulgaran los nombres de los acusadores de un reo, en la española esa regla de excepción se volvió práctica usual, pues se decía que el poder de los conversos era tal que, si se sabía quién había acusado a uno de entre ellos, los demás tomarían represalias, y por tanto se temía por la vida de los testigos. El resultado fue privar al acusado de uno de los elementos más necesarios para una defensa eficaz. Además se aplicaba la tortura con harta frecuencia, y de ese modo se arrancaban tanto confesiones como nuevas acusaciones contra otras personas. Frecuentemente los procesos tomaban largos años, durante los cuales eran cada vez más los implicados. Y si, caso raro, el acusado resultaba absuelto, había pasado buena parte de su vida encerrado en las cárceles inquisitoriales, y no tenía modo alguno de establecer recurso contra sus falsos acusadores, pues ni siquiera sabía quiénes eran. Por muchas razones históricas que se den, no es posible justificar todo esto a base de la fe cristiana. También se ha discutido muchísimo acerca de los motivos económicos envueltos en la Inquisición española. En ella se aplicaban los principios medievales, según los cuales los bienes de todo condenado a muerte eran confiscados. Al principio, tanto esos bienes como las diversas multas que se imponían se dedicaban a obras religiosas, por lo general en la parroquia del condenado. Pero esto a su vez se prestaba a abusos, y los soberanos comenzaron a fiscalizar más de cerca a los inquisidores, haciendo que los fondos recaudados fuesen a dar al tesoro real. Hasta qué punto estas medidas se debieron a la codicia de los reyes, y hasta qué punto fueron un intento sincero de evitar los abusos a que la Inquisición se prestaba, no hay modo de saberlo. Pero en todo caso el hecho es que la corona se benefició con los procesos inquisitoriales.

Otra fuente de ingresos eran las "reconciliaciones" que se hacían mediante el pago de una suma. La más notable fue la reconciliación general de los años 1495 al 1497, que se utilizó para cubrir las deudas de la guerra de Granada. En este caso particular, no cabe duda de que la intención de los Reyes era tanto evitar los sufrimientos que los juicios y castigos acarreaban para los conversos y sus familias como resarcirse de los gastos de la guerra.

Cualesquiera hayan sido los motivos de los monarcas, no puede dudarse que la Inquisición se prestaba a los malos manejos y la codicia desmedida. Poco después de la muerte de Isabel, el Santo Oficio había caído en descrédito por esas razones, y Fernando tuvo que intervenir en el asunto, nombrando Inquisidor General a Francisco Jiménez de Cisneros. Aunque el franciscano no fue tan terrible como Torquemada, resulta notable que el inspirador de la Políglota Complutense y de la universidad de Alcalá fuese también el Gran Inquisidor. En ello tenemos un ejemplo de lo que sería la forma característica de la reforma católica, particularmente en España, de combinar la erudición con la intolerancia.

Isabel no era más tolerante que su confesor, como puede verse en la expulsión de los judíos. Mientras la Inquisición se ocupaba de los conversos, los judíos que permanecían firmes en la fe de sus antepasados no caían bajo su jurisdicción. Pero se

Desde lo alto de la Giralda en Sevilla, los inquisidores contemplaban los sábados el mar de casas que se extendía a sus pies. Si de alguna chimenea no salía humo, los habitantes de esa casa resultaban sospechosos de judaizar.

les acusaba de mantener contactos con los conversos, con lo cual, según se decía, los incitaban a judaizar. Además, se comentaba que los judíos tenían enormes riquezas, y que aspiraban a adueñarse del país. Todo esto no era más que falsos rumores nacidos del prejuicio, la ignorancia y el temor. A mediados de 1490 se produjo el incidente del "santo niño de la Guardia". Un grupo de judíos y conversos fue acusado de matar a un niño en forma ritual, con el propósito de utilizar su corazón, y una hostia consagrada, para maleficios contra los cristianos. En el convento de Santo Domingo, en Avila, Torquemada dirigió la investigación. Los acusados fueron declarados culpables, y quemados en noviembre de 1491 en las afueras de Avila. Hasta el día de hoy los historiadores no concuerdan acerca de si de veras hubo un niño sacrificado o no. Pero de lo que no cabe duda es de que, si existió una conspiración, se trataba de un pequeño grupo fanático, que no representaba en modo alguno a la comunidad judía. En todo caso, el hecho es que la enemistad de los cristianos contra los judíos se exacerbó. En varios lugares se produjeron motines y matanzas de judíos. De acuerdo a sus obligaciones legales, los Reyes defendieron a los judíos, aunque esa defensa no fue decidida, y los cristianos que cometieron atropellos contra los hijos de Israel no fueron castigados. Lo que sucedía era, en parte al menos, que la Reina estaba convencida de que era necesario buscar la unidad política y religiosa de España. Esa unidad era una exigencia política y religiosa; política, porque las circunstancias la exigían; religiosa, porque tal era, según Isabel, la voluntad de Dios.

El golpe decisivo contra los judíos llegó poco después de la conquista de Granada. Una vez destruido el último baluarte musulmán en la Península, pareció aconsejable ocuparse del "problema" de los judíos. Casi todos los documentos, tanto cristianos como judíos, dan a entender que Isabel fue, más que Fernando, quien concibió el proyecto de expulsión. El decreto, publicado el 31 de marzo de 1492, les daba a los judíos cuatro meses para abandonar todas las posesiones de los Reyes, tanto en España como fuera de ella. Se les permitía vender sus propiedades, pero les estaba prohibido sacar del país oro, plata, armas y caballos. Luego, el único medio que los hijos de Israel tenían para salvar algo de sus bienes eran las letras de cambio, disponibles principalmente a través de banqueros italianos. Entre tales banqueros y los especuladores que se dedicaron a aprovechar la coyuntura, los judíos fueron esquilmados, aunque los Reyes trataron de evitar los abusos.

Al parecer, los Reyes esperaban que muchos judíos decidieran aceptar el bautismo antes que abandonar el país que era su patria, y donde habían vivido por largas generaciones. Con ese fin decretaron que quien aceptara el bautismo podría permanecer en el país, y además enviaron predicadores que anunciaran, no sólo la verdad de la fe cristiana, sino también las ventajas del bautismo. Unas pocas familias ricas se bautizaron, y de ese modo lograron conservar sus bienes y su posicion social. Esos pocos bautismos fueron hechos con gran solemnidad, al parecer con la esperanza de inducir a otros judíos a seguir el mismo camino. Pero la mayoría de ellos mostró una firmeza digna de los mejores episodios del Antiguo Testamento. Mejor marchar al exilio que inclinarse ante el Dios de los cristianos y abandonar la fe de sus antepasados.

Los sufrimientos de aquel nuevo exilio del pueblo de Israel fueron indecibles. Entre 50.000 y 200.000 judíos abandonaron su tierra natal y partieron hacia futuros inciertos. Muchos fueron saqueados o ascsinados por bandidos o por quicnes les ofrecieron transporte. De los que partieron hacia la costa norte de Africa, la mayoría pereció. Un buen número se refugió en Portugal, en espera de que las circunstancias cambiaran en España. Pero cuando el Rey de Portugal quiso casarse con una de las hijas de Isabel, ésta exigió que los judíos fueran expulsados de ese reino, enviándolos así a un nuevo exilio.

La pérdida que todo esto representó para España ha sido señalada repetidamente por los historiadores. Entre los judíos se contaban algunos de los elementos más productivos del país, cuya partida privó a la nación de su industria e ingenio. Además, muchos de ellos eran banqueros que repetidamente habían servido a la corona en momentos difíciles. A partir de entonces, el tesoro español tendría que recurrir a prestamistas italianos o alemanes, en perjuicio económico de España.

La situación de los moros era semejante a la de los judíos. Mientras quedaron tierras musulmanas en la Península, la mayoría de los gobernantes cristianos siguió la política de permitirles a sus súbditos musulmanes practicar libremente su religión, pues de otro modo estarían incitándoles a la rebelión y a la traicion. Pero una vez conquistado el reino de Granada la situación política cambió. Aunque en las Capitulaciones de Granada se estipulaba que los musulmanes tendrían libertad para continuar practicando su religión, ley y costumbres, ese tratado no fue respetado, pues no había un estado musulmán capaz de obligar a los reyes cristianos a ello. Pronto el arzobispo Cisneros y el resto del clero se dedicaron a tratar de forzar a los moros a convertirse. El celo de Cisneros llevó a los musulmanes a la rebelión, que a la postre fue ahogada en sangre. A fin de evitar otras rebeliones semejantes, los Reyes ordenaron que también los moros de Castilla, como antes los judíos, tendrían que escoger entre el bautismo y el exilio. Poco después, cuando se vio que posiblemente el éxodo sería masivo, se les prohibió emigrar, con lo cual quedaron obligados a recibir el bautismo.

A estos moros bautizados se les dio el nombre de "moriscos", y desde el punto de vista de la iglesia y del gobierno españoles fueron siempre un problema, por su falta de asimilación. En 1516 Cisneros, a la sazón regente del reino, trató de obligarlos a abandonar su traje y sus usos, aunque sin éxito.

Mientras todo esto estaba teniendo lugar en Castilla, en Aragón eran todavía muchos los moros que no habían recibido el bautismo. Aunque Carlos V había prometido respetar sus costumbres, el papa Clemente VII lo libró de su juramento y lo instó a forzar a los moros de Aragón a bautizarse. A partir de entonces se siguió una política cada vez más intolerante, primero hacia los musulmanes, y después hacia los moriscos, hasta que los últimos moriscos fueron expulsados a principios del siglo XVII.

Todo lo que antecede ilustra la política religiosa de Isabel, que fue también la de España por varios siglos. Al tiempo que se buscaba reformar la iglesia mediante la regulación de la vida del clero y el fomento de los estudios teológicos, se era extremadamente intolerante hacia todo lo que no se ajustara a la religión del estado. Luego, Isabel fue la fundadora de la reforma católica, que se abrió paso primero en España y después fuera de ella, y esa reforma llevó el sello de la gran Reina de Castilla.

La descendencia de Isabel

El nombre de Isabel la Católica se mezcla con la historia toda de la Reforma del siglo XVI, no solamente por ser ella la principal promotora de la reforma católica española, sino también porque sus descendientes se vieron involucrados en muchos de los acontecimientos que hemos de relatar.

Los hijos de Fernando e Isabel fueron cinco. La hija mayor, Isabel, se casó primero con el infante don Alfonso de Portugal y, al morir éste, con Manuel I de Portugal. De este segundo esposo tuvo un hijo, el príncipe don Miguel, cuyo nacimiento le costó la vida, y quien no vivió largo tiempo.

Juan, el presunto heredero de los tronos de Castilla y Aragón, murió poco después de casarse, sin dejar descendencia. Su muerte fue un rudo golpe para Isabel, tanto por el amor materno que sentía hacia el joven príncipe como por las complicaciones que ese acontecimiento podría acarrear para la

LA DESCENDENCIA DE ISABEL

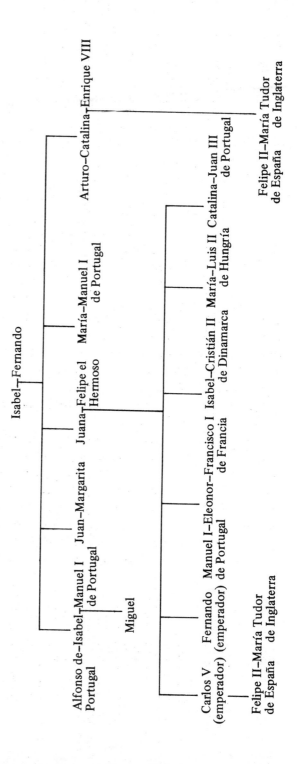

Juana hizo embalsamar el cuerpo de su difunto esposo, y se paseó con él por España.

sucesión al trono. Puesto que dos años después, en 1500, murió el infante don Miguel de Portugal, quedó como heredera de los tronos de Castilla y Aragón la segunda hija de los Reyes Católicos, Juana.

Juana se casó con Felipe el Hermoso, hijo del emperador Maximiliano I, pero pronto empezó a dar señales de locura. Felipe había heredado de su madre los Países Bajos, y a la muerte de Isabel la Católica reclamó para sí la corona de Castilla, aunque Fernando su suegro se oponía a ello. Pero Felipe murió inesperadamente en 1506, y a partir de entonces la locura de Juana resultó innegable. Tras hacer embalsamar el cuerpo de su difunto esposo, y pasearse con él por Castilla, se retiró a Tordesillas, donde continuó guardando el cadáver hasta que murió en 1555.

Juana había tenido de Felipe dos hijos y cuatro hijas. El hijo mayor, Carlos, fue su sucesor al trono de Castilla, y después al de Aragón. Puesto que también fue emperador de Alemania, se le conoce como Carlos V, aunque en España fue el primer rey de ese nombre. El otro hijo, Fernando, sucedió a Carlos como emperador cuando éste abdicó. La hija mayor de Juana y Felipe, Eleonor, se casó primero con Manuel I de Portugal (el mismo que antes se había casado con Isabel, la tía de Eleonor), y después con Francisco I de Francia, quien jugará un papel importante en varios capítulos de esta historia. Las demás se casaron con los reyes de Dinamarca, Hungría y Portugal.

La tercera hija de los Reyes Católicos, María, fue la segunda esposa de don Manuel I de Portugal (después de su hermana Isabel, y antes de su sobrina Eleonor).

Por último, la hija menor de Fernando e Isabel, Catalina de Aragón, marchó a Inglaterra, donde contrajo matrimonio con el príncipe Arturo, heredero de la corona. Al morir Arturo, se casó con el hermano de éste, Enrique VIII. La anulación de ese matrimonio fue la ocasión de la ruptura entre Inglaterra y Roma, según veremos más adelante. La hija de Catalina y Enrique, y por tanto nieta de los Reyes Católicos, fue la reina María Tudor, a quien se le ha dado el sobrenombre de "la Sanguinaria".

En resumen, aunque la historia de los hijos de los Reyes Católicos es triste, las próximas generaciones dejaron su huella, no sólo en Europa, sino también en América, hasta tal punto que es imposible narrar la historia del siglo XVI sin referirse a ellas.

II
Martín Lutero: camino hacia la Reforma

Muchos han creído que la fe
cristiana es una cosa sencilla y fácil,
y hasta han llegado a contarla entre
las virtudes. Esto es porque no
la han experimentado de veras, ni
han probado la gran fuerza que hay
en la fe.

Martín Lutero

Pocos personajes en la historia del cristianismo han sido discutidos tanto o tan acaloradamente como Martín Lutero. Para unos, Lutero es el ogro que destruyó la unidad de la iglesia, la bestia salvaje que holló la viña del Señor, un monje renegado que se dedicó a destruir las bases de la vida monástica. Para otros, es el gran héroe que hizo que una vez más se predicara el evangelio puro, el campeón de la fe bíblica, el reformador de una iglesia corrompida. En los últimos años, debido en parte al nuevo espíritu de comprensión entre los cristianos, los estudios de Lutero han sido mucho más equilibrados, y tanto católicos como protestantes se han visto obligados a corregir opiniones formadas, no por la investigación histórica, sino por el fragor de la polémica. Hoy son pocos los que dudan de la sinceridad de Lutero, y hay muchos católicos que afirman que la protesta del monje agustino estaba más que justificada, y que en muchos puntos tenía razón. Al mismo tiempo, son pocos los historiadores protestantes que siguen viendo en Lutero al héroe sobrehumano que reformó el cristianismo por sí solo, y cuyos pecados y errores fueron de menor importancia. Al estudiar su vida, y el ambiente en que ésta se desarrolló,

Martín Lutero. Retrato por Lucas Cranach.

Lutero aparece como un hombre a la vez tosco y erudito, parte de cuyo impacto se debió a que supo dar a su erudición un giro y una aplicación populares. Era indudablemente sincero hasta el apasionamiento, y frecuentemente vulgar en sus expresiones. Su fe era profunda, y nada le importaba tanto como ella. Cuando se convencía de que Dios quería que tomara cierto camino, lo seguía hasta sus consecuencias últimas, y no como quien, puesta la mano sobre el arado, mira atrás. Su uso del lenguaje, tanto latino como alemán, era magistral, aunque cuando un punto le parecía ser de suma importancia lo hacía recalcar mediante la exageración. Una vez convencido de la verdad de su causa, estaba dispuesto a enfrentarse a los más poderosos señores de su tiempo. Pero esa misma profundidad de convicción, ese apasionamiento, esa tendencia hacia la exageración, lo llevaron a tomar actitudes que después él o sus seguidores tuvieron que deplorar.

Por otra parte, el impacto de Lutero se debió en buena medida a circunstancias que estaban fuera del alcance de su mano, y de las cuales él mismo frecuentemente no se percataba. La invención de la imprenta hizo que sus obras pudieran difundirse de un modo que hubiera sido imposible unas pocas décadas antes. El creciente nacionalismo alemán, del que él mismo era hasta cierto punto partícipe, le prestó un apoyo inesperado, pero valiosísimo. Los humanistas, que soñaban con una reforma según la concebía Erasmo, aunque frecuentemente no podían aceptar lo que les parecía ser las exageraciones y la tosquedad del monje alemán, tampoco estaban dispuestos a que se le aplastara sin ser escuchado, como había sucedido el siglo anterior con Juan Huss. Las circunstancias políticas al comienzo de la Reforma fueron uno de los factores que impidieron que Lutero fuera condenado inmediatamente, y cuando por fin las autoridades eclesiásticas y políticas se vieron libres para actuar, era demasiado tarde para acallar la protesta.

Al estudiar la vida y obra de Lutero, una cosa resulta clara, y es que la tan ansiada reforma se produjo, no porque Lutero u otra persona alguna se lo propusiera, sino porque llegó en el momento oportuno, y porque en ese momento el Reformador, y muchos otros junto a él, estuvieron dispuestos a cumplir su responsabilidad histórica.

La peregrinación espiritual

Lutero nació en 1483, en Eisleben, Alemania, donde su padre, de origen campesino, trabajaba en las minas. Siete años antes Isabel había heredado el trono de Castilla. Aunque esto no se relaciona directamente con la juventud de Lutero, pues Castilla era entonces solamente un pequeño reino a centenares de kilómetros de distancia, lo mencionamos para que el lector vea que, antes del nacimiento de Lutero, se habían empezado a tomar en España las medidas reformadoras que hemos mencionado en el capítulo anterior.

La niñez del pequeño Martín no fue feliz. Sus padres eran en extremo severos con él, y muchos años más tarde él mismo contaba con amargura algunos de los castigos que le habían sido impuestos. Durante toda su vida fue presa de períodos de depresión y angustia profundas, y hay quien piensa que esto se debió en buena medida a la austeridad excesiva de sus años mozos. En la escuela sus primeras experiencias no fueron mejores, pues después se quejaba de cómo lo habían golpeado por no saber sus lecciones. Aunque todo esto no ha de exagerarse, no cabe duda de que dejó una huella permanente en el carácter del joven Martín.

En julio de 1505, poco antes de cumplir los veintidós años de edad, Lutero ingresó al monasterio agustino de Erfurt. Las causas que lo llevaron a dar ese paso fueron muchas. Dos semanas antes, cuando en medio de una tormenta eléctrica se había sentido sobrecogido por el temor a la muerte y al infierno, le había prometido a Santa Ana que se haría monje. Algún tiempo después, él mismo diría que los rigores de su hogar lo llevaron al monasterio. Por otra parte, su padre había decidido que su hijo sería abogado, y había hecho grandes esfuerzos por procurarle una educación apropiada para esa carrera. Lutero no quería ser abogado, y por tanto es muy posible que, aun sin saberlo, haya interpuesto la vocación monástica entre sus propios deseos y los proyectos de su padre. Este último se mostró profundamente airado al recibir noticias del ingreso de Martín al monasterio, y tardó largo tiempo en perdonarlo. Pero la razón última que llevó a Lutero a tomar el hábito, como en tantos otros casos, fue el interés en su propia salvación. El tema de la salvación y la condenación llenaba todo el ambiente de la época. La vida presente no parecía ser más que una preparación y prueba para la venidera. Luego, resultaba necio dedicarse a ganar prestigio y riquezas en el presente, mediante la abogacía, y descuidar el porvenir. Lutero entró al monasterio como fiel hijo de la iglesia, con el propósito de utilizar los medios de salvación que esa iglesia le ofrecía, y de los cuales el más seguro le parecía ser la vida monástica.

El año de noviciado parece haber transcurrido apaciblemente, pues Lutero hizo sus votos y sus superiores lo escogieron para que fuera sacerdote. Según él mismo cuenta, la ocasión de la celebración de su primera misa fue una experiencia sobrecogedora, pues el terror de Dios se apoderó de él al pensar que estaba ofreciendo nada menos que a Jesucristo. Repetidamente ese terror aplastante de Dios hizo presa de él pues no estaba seguro de que todo lo que estaba haciendo en pro de su propia salvación fuese suficiente. Dios le parecía ser un juez severo, como antes lo habían sido sus padres y sus maestros, que en el juicio le pediría cuenta de todas sus acciones, y lo hallaría falto. Era necesario acudir a todos los recursos de la iglesia para estar a salvo.

Empero esos recursos tampoco eran suficientes para un espíritu profundamente religioso, sincero y apasionado como el de Lutero. Se suponía que las buenas obras y la confesión fueran la respuesta a la necesidad que el joven monje tenía de justificarse ante Dios. Pero ni lo uno ni lo otro bastaba. Lutero tenía un sentimiento muy hondo de su propia pecaminosidad, y mientras más trataba de sobreponerse a ella más se percataba de que el pecado era mucho más poderoso que él. Esto no quiere decir que no fuese buen monje, o que llevara una vida licenciosa o inmoral. Al contrario, Lutero se esforzó en ser un monje cabal. Repetidamente castigaba su cuerpo, según lo enseñaban los grandes maestros del monaquismo. Y acudía al confesionario con tanta frecuencia como le era posible. Pero todo esto no bastaba. Si para que los pecados fueran perdonados era necesario confesarlos, el gran temor de Lutero era olvidar algunos de sus pecados. Por tanto, una y otra vez repasaba cada una de sus acciones y pensamientos, y mientras más los repasaba más pecado encontraba en ellos. Hubo ocasiones en que, al momento mismo de salir del confesionario, se percató de que había todavía algún pecado que no había confesado. La situación era entonces desesperante. El pecado era algo mucho más profundo que las meras acciones o pensamientos conscientes. Era todo un estado de vida, y Lutero no encontraba modo alguno de confesarlo y de ser perdonado mediante el sacramento de la penitencia. Su consejero espiritual le recomendó que leyera las obras de los místicos. Como dijimos en el volumen anterior, hacia fines de la Edad Media hubo una fuerte ola de misticismo, impulsada precisamente por el sentimiento que muchos tenían de que la iglesia, debido a su corrupción, no era el mejor medio de acercarse a Dios. Lutero siguió entonces este camino, aunque no porque dudara de la autoridad de la iglesia, sino porque esa autoridad, a través de su confesor, se lo ordenó. El misticismo lo cautivó por algún tiempo, como antes lo había hecho la vida monástica. Quizá allí encontraría el camino de salvación. Pero pronto este camino resultó ser otro callejón sin salida. Los místicos decían que bastaba con amar a Dios, puesto que todo lo demás era consecuencia de ese amor. Esto le pareció a Lutero una palabra de liberación, pues no era entonces necesario llevar la cuenta de todos sus pecados, como hasta entonces había tratado de hacer. Empero no tardó en percatarse de que amar a Dios no era tan fácil. Si Dios era como sus padres y sus maestros, que lo habían golpeado hasta sacarle la sangre, ¿cómo podía él amarle? A la postre, Lutero llegó a confesar que no amaba a Dios, sino que lo odiaba.

No había salida posible. Para ser salvo era necesario confesar los pecados, y Lutero había descubierto que, por mucho que se esforzara, su pecado iba mucho más allá que su confesión. Si, como decían los místicos, bastaba con amar a Dios, esto no era de gran ayuda, pues Lutero tenía que reconocer que le era imposible amar al Dios justiciero que le pedía cuentas de todas sus acciones.

En esa encrucijada, su confesor, que era también su superior, tomó una medida sorprendente. Lo normal hubiera sido pensar que un sacerdote que estaba pasando por la crisis por la que atravesaba Lutero no estaba listo para servir de pastor o de maestro a otros. Pero eso fue precisamente lo que propuso su confesor. Siglos antes, Jerónimo había encontrado un modo de escapar de sus tentaciones en el estudio del hebreo. Aunque los problemas de Lutero eran distintos de los de Jerónimo, quizá el estudio, la enseñanza y la labor pastoral tendrían para él un resultado semejante. Por tanto, se le ordenó a Lutero, quien no esperaba tal cosa, que se preparase para ir a dictar cursos sobre las Escrituras en la universidad de Wittenberg. Aunque muchas veces se ha dicho entre protestantes que Lutero no conocía la Biblia, y que fue en el momento de su conversión, o poco antes, cuando empezó a estudiarla, esto no es cierto. Como monje, que tenía que recitar las horas canónicas de oración, Lutero se sabía el Salterio de memoria. Además, en 1512 obtuvo su doctorado en teología, y para ello tenía que haber estudiado las Escrituras.

Lo que sí es cierto es que cuando se vio obligado a preparar conferencias sobre la Biblia, nuestro monje comenzó a ver en ella una posible respuesta a sus angustias espirituales. A mediados de 1513 empezó a dar clases sobre los Salmos. Debido a los años que había pasado recitando el Salterio, siempre dentro del contexto del año litúrgico, que se centra en los principales acontecimientos de la vida de Cristo, Lutero interpretaba los Salmos cristológicamente. En ellos es Cristo quien habla. Y allí vio a Cristo pasando por angustias semejantes a las que él pasaba. Esto fue el principio de su gran descubrimiento. Pero si todo hubiera quedado en esto, Lutero habría llegado sencillamente a la piedad popular tan común, que piensa que Dios el Padre exige justicia, y es el Hijo quien nos perdona. Precisamente por sus propios estudios teológicos, Lutero sabía que tal idea era falsa, y no estaba dispuesto a aceptarla. Pero en todo caso, en las angustias de Jesucristo empezó a hallar consuelo para las suyas.

El gran descubrimiento vino probablemente en 1515, cuando Lutero empezó a dar conferencias sobre la epístola a los Romanos, pues él mismo dijo después que fue en el primer capítulo de esa epístola donde encontró la respuesta a sus dificultades. Esa respuesta no vino fácilmente. No fue sencillamente que un buen día Lutero abriera la Biblia en el primer capítulo de Romanos, y descubriera allí que "el justo por la fe vivirá". Según él mismo cuenta, el gran descubrimiento fue precedido por una larga lucha y una amarga angustia, pues Romanos 1:17

empieza diciendo que "en el evangelio la justicia de Dios se revela". Según este texto, el evangelio es revelación de la justicia de Dios. Y era precisamente la justicia de Dios lo que Lutero no podía tolerar. Si el evangelio fuera el mensaje de que Dios no es justo, Lutero no habría tenido problemas. Pero este texto relacionaba indisolublemente la justicia de Dios con el evangelio. Según Lutero cuenta, él odiaba la frase "la justicia de Dios", y estuvo meditando de día y de noche para comprender la relación entre las dos partes del versículo que, tras afirmar que "en el evangelio la justicia de Dios se revela", concluye diciendo que "el justo por la fe vivirá".

La respuesta fue sorprendente. La "justicia de Dios" no se refiere aquí, como piensa la teología tradicional, al hecho de que Dios castigue a los pecadores. Se refiere más bien a que la "justicia" del justo no es obra suya, sino que es don de Dios. La "justicia de Dios" es la que tiene quien vive por la fe, no porque sea en sí mismo justo, o porque cumpla las exigencias de la justicia divina, sino porque Dios le da este don. La "justificación por la fe" no quiere decir que la fe sea una obra más sutil que las obras buenas, y que Dios nos pague esa obra. Quiere decir más bien que tanto la fe como la justificación del pecador son obra de Dios, don gratuito. En consecuencia, continúa comentando Lutero acerca de su descubrimiento, "sentí que había nacido de nuevo y que las puertas del paraíso me habían sido franqueadas. Las Escrituras todas cobraron un nuevo sentido. Y a partir de entonces la frase 'la justicia de Dios' no me llenó más de odio, sino que se me tornó indeciblemente dulce en virtud de un gran amor".

Se desata la tormenta

Aunque los acontecimientos posteriores revelaron otra faceta de su carácter, durante todo este tiempo Lutero parece haber sido un hombre relativamente reservado, dedicado a sus estudios y a su lucha espiritual. Su gran descubrimiento, aunque le trajo una nueva comprensión del evangelio, no lo llevó de inmediato a protestar contra el modo en que la iglesia entendía la fe cristiana. Al contrario, nuestro monje continuó dedicado a sus labores docentes y pastorales y, si bien hay indicios de que enseñó su nueva teología, no pretendió contraponerla a la que enseñaba la iglesia. Lo que es más, al parecer él mismo no se había percatado todavía del grado en que su descubrimiento se oponía a todo el sistema penitencial, y por tanto a la teología y las doctrinas comunes en su época.

Poco a poco, y todavía sin pretender ocasionar controversia alguna, Lutero fue convenciendo a sus colegas en la universidad de Wittenberg. Cuando por fin decidió que había llegado el momento de lanzar su gran reto, compuso noventa y siete tesis, que debían servir de base para un debate académico. En ellas, Lutero atacaba varios de los principios fundamentales de la teología escolástica, y por tanto esperaba que la publicación de esas tesis, y el debate consiguiente, serían una oportunidad de darle a conocer su descubrimiento al resto de la iglesia. Pero, para su sorpresa, llegó la fecha del debate, y solamente se le prestó atención en los círculos académicos de la universidad. Al parecer, el descubrimiento de que el evangelio debía entenderse de otro modo al que corrientemente se predicaba, que le parecía tan importante a Lutero, tenía sin cuidado al resto del mundo.

Pero entonces sucedió lo inesperado. Cuando Lutero produjo otras tesis, sin creer en modo alguno que tendrían más impacto que las anteriores, se creó un revuelo tal que a la larga toda Europa se vio envuelta en sus consecuencias. Lo que había sucedido era que, al atacar la venta de las indulgencias, creyendo que no se trataba más que de la consecuencia natural de lo que se había discutido en el debate anterior, Lutero se había atrevido, aun sin saberlo, a oponerse al lucro y los designios de varios personajes mucho más poderosos que él.

La venta de indulgencias que Lutero atacó había sido autorizada por el papa León X, y en ella estaban envueltos los intereses económicos y políticos de la poderosísima casa de los Hohenzollern, que aspiraba a la hegemonía de Alemania. Uno de los miembros de esa casa, Alberto de Brandeburgo, tenía ya dos sedes episcopales, y deseaba ocupar también el arzobispado de Mainz, que era el más importante de Alemania. Para ello se puso en contacto con León X, uno de los peores papas de aquella época de papas indolentes, avariciosos y corrompidos. León le hizo saber que estaba dispuesto a concederle a Alberto

Ejemplar de las indulgencias contra las que Lutero protestó.

lo que pedía, a cambio de diez mil ducados. Puesto que ésta era una suma considerable, el Papa autorizó a Alberto a proclamar una gran venta de indulgencias en sus territorios, a cambio de que la mitad del producto fuese enviado al erario papal. Parte de lo que sucedía era que León soñaba con terminar la Basílica de San Pedro, comenzada por su predecesor Julio II, y cuyas obras marchaban lentamente por falta de fondos. Luego, la gran basílica que hoy es orgullo de la iglesia romana fue una de las causas indirectas de la Reforma protestante.

Quien se encargó de la venta de indulgencias en Alemania central fue el dominico Juan Tetzel, hombre sin escrúpulos que a fin de promover su mercancía hacía aseveraciones escandalosas. Así, por ejemplo, Tetzel y sus subalternos pretendían que la indulgencia que vendían dejaba al pecador "más limpio que al salir del bautismo", o "más limpio que Adán antes de caer", que "la cruz del vendedor de indulgencias tiene tanto poder como la cruz de Cristo", y que, en el caso de quien compra una indulgencia para un pariente difunto, "tan pronto como la moneda suena en el cofre, el alma sale del purgatorio".

Tales afirmaciones causaban repugnancia entre los mejor informados, quienes sabían que la doctrina de la iglesia no era tal como la presentaban Tetzel y los suyos. Entre los humanistas, que se dolían de la ignorancia y la superstición que parecían reinar por doquier, la predicación de Tetzel era vista como un ejemplo más del triste estado a que había llegado la iglesia. Y también se resentía el espíritu nacionalista alemán, que veía en la venta de indulgencias un modo mediante el cual Roma esquilmaba una vez más al pueblo alemán, aprovechando su credulidad, para luego despilfarrar en lujos y festines los escasos recursos que los pobres alemanes habían logrado producir con el sudor de su frente. Pero aunque muchos abrigaban tales sentimientos, nadie protestaba, y la venta continuaba.

Fue entonces cuando Lutero clavó sus famosas noventa y cinco tesis en la puerta de la iglesia del castillo de Wittenberg. Esas tesis, escritas en latín, no tenían el propósito de crear una conmoción religiosa, como había sido el caso con las anteriores.

La venta de indulgencias. Cuadro de J.M. Trenkwald.

Tras aquella experiencia, Lutero parece haber pensado que la cuestión que se debatía era principalmente del interés de los teólogos, y que por tanto sus nuevas tesis no tendrían más impacto que el que pudieran producir en círculos académicos. Pero al mismo tiempo estas noventa y cinco tesis, escritas acaloradamente con un sentimiento de indignación profunda, eran mucho más devastadoras que las anteriores, no porque se refirieran a tantos puntos importantes de teología, sino porque ponían el dedo sobre la llaga del resentimiento alemán contra los explotadores extranjeros. Además, al atacar concretamente la venta de indulgencias, ponían en peligro los proyectos de los poderosos. Aunque su ataque era relativamente moderado, algunas de las tesis iban más allá de la mera cuestión de la eficacia y límites de las indulgencias, y apuntaban hacia la explotación de que el pueblo era objeto. Según Lutero, si es verdad que el papa tiene poder para sacar las almas del purgatorio, ha de utilizar ese poder, no por razones tan triviales como la necesidad de fondos para construir una iglesia, sino sencillamente por amor, y ha de hacerlo gratuitamente (tesis 82). Y lo

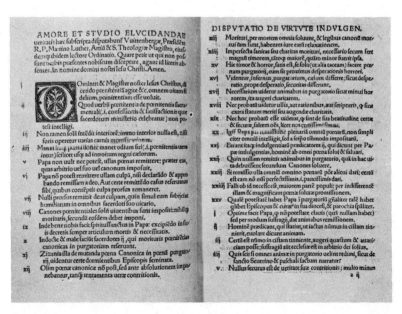

Las noventa y cinco tesis de Lutero fueron impresas, y pronto circularon por todo el país.

cierto es que el Papa debería dar de su propio dinero a los pobres de quienes los vendedores de indulgencias lo exprimen, aunque tuviera que vender la Basílica de San Pedro (tesis 51).

Lutero dio a conocer sus tesis la víspera de la fiesta de Todos los Santos, y su impacto fue tal que frecuentemente se señala esa fecha, el 31 de octubre de 1517, como el comienzo de la Reforma protestante. Los impresores produjeron gran número de copias de las tesis y las distribuyeron por toda Alemania, tanto en el original latino como en traducción alemana. El propio Lutero le había mandado una copia a Alberto de Brandeburgo, acompañada de una carta sumamente respetuosa. Alberto envió las tesis y la carta a Roma, pidiéndole a León X que interviniera. El emperador Maximiliano se encolerizó ante la actitud y las enseñanzas del monje impertinente, y le pidió también a León que interviniera. En el entretanto, Lutero publicó una explicación de sus noventa y cinco tesis en la que, además de aclarar lo que había querido decir en esas brevísimas proposiciones, agudizaba su ataque contra la venta de indulgencias y la teología que le servía de apoyo.

La respuesta del Papa fue poner la cuestión bajo la jurisdicción de los agustinos, a cuya próxima reunión capitular, que tendría lugar en Heidelberg, Lutero fue convocado. Allá fue nuestro monje, temiendo por su vida, pues se decía que sería condenado y quemado. Pero, para gran sorpresa suya, muchos de los monjes se mostraron favorables a su doctrina. Algunos de los más jóvenes la acogieron entusiastamente. Para otros, la disputa entre Lutero y Tetzel era un caso más de la vieja rivalidad entre agustinos y dominicos, y por tanto no estaban dispuestos a abandonar a su campeón. En consecuencia, Lutero regresó a Wittenberg fortalecido por el apoyo de su orden, y feliz de haber ganado varios conversos a su causa.

El Papa entonces tomó otro camino. En breve debía reunirse en Augsburgo la dieta del Imperio, es decir, la asamblea de todos los potentados alemanes, bajo la presidencia del emperador Maximiliano. El legado papal a esa dieta era el cardenal Cayetano, hombre de vasta erudición, cuya misión principal era convencer a los príncipes alemanes de la necesidad de emprender una cruzada contra los turcos, que amenazaban a Europa, y de promulgar un nuevo impuesto para ese fin. La amenaza de

El emperador Maximiliano se encolerizó.

los turcos era tal que Roma estaba tomando medidas para reconciliarse con los husitas de Bohemia, aun cuando esto implicara acceder a varias de sus demandas. Por tanto, la cruzada y el impuesto eran la principal misión de Cayetano, a quien entonces el Papa comisionó además para que se entrevistara con Lutero y lo obligara a retractarse. Si el monje se negaba a ello, debía ser llevado prisionero a Roma.

El elector Federico el Sabio de Sajonia, dentro de cuya jurisdicción vivía Lutero, obtuvo del emperador Maximiliano un salvoconducto para el fraile, quien se dispuso a acudir a Augsburgo, aun sabiendo que poco más de cien años antes, y en circunstancias muy parecidas, Juan Huss había sido quemado en violación de un salvoconducto imperial. La entrevista con Cayetano no produjo el resultado apetecido. El cardenal se negaba a discutir con el monje, y exigía su abjuración. El fraile, por su parte, no estaba dispuesto a retractarse si no se le convencía de que estaba equivocado. Cuando

El elector Federico el Sabio de Sajonia defendió siempre a Lutero: al principio, por cuestiones de justicia, y a la postre porque se convenció de que el Reformador tenía razón.

por fin se enteró de que Cayetano tenía autoridad para arrestarlo aun en violación del salvoconducto imperial, abandonó la ciudad a escondidas en medio de la noche, regresó a Wittenberg, y apeló a un concilio general.

Durante todo este período, Lutero había contado con la protección de Federico el Sabio, elector de Sajonia y por tanto señor de Wittenberg. Federico no protegía a Lutero porque estuviera convencido de sus doctrinas, sino porque le parecía que la justicia exigía que se le juzgara debidamente. La principal preocupación de Federico era ser un gobernante justo y sabio. Con ese propósito fundó la universidad de Wittenberg, muchos de cuyos profesores le decían que Lutero tenía razón, y que se equivocaban quienes lo acusaban de herejía. Por lo menos mientras Lutero no fuese condenado oficialmente, Federico estaba dispuesto a evitar que se cometiera con él una injusticia semejante a la que había tenido lugar en el caso de Juan Huss. Empero la situación se hacía difícil, pues cada vez eran más los que decían que Lutero era hereje, y por tanto la posición de Federico se volvía precaria.

En esto estaban las cosas cuando la muerte de Maximiliano dejó vacante el trono alemán, y fue necesario elegir un nuevo emperador. Puesto que se trataba de una dignidad electiva, y no hereditaria, inmediatamente se empezó a discutir acerca de quién sería el próximo emperador. Los dos candidatos más poderosos eran Carlos I de España (el hijo de Juana la Loca y Felipe el Hermoso, y por tanto nieto de Isabel) y Francisco I de Francia. Ninguno de estos dos candidatos era del agrado del papa León, pues ambos eran demasiado poderosos, y su elección a la dignidad imperial quebrantaría el equilibrio de los poderes europeos que era la base de la política papal. Carlos tenía, además de los recursos de España, que comenzaba a recibir las riquezas del Nuevo Mundo, sus posesiones hereditarias en los Países Bajos, Austria y el sur de Italia. Si a todo esto se le añadía el trono alemán, su poder no tendría rival en Europa. Francisco, como rey de Francia, tampoco le parecía aceptable al Papa, pues una unión de las coronas francesa y alemana podía tener consecuencias funestas para el papado. Por tanto, era necesario buscar otro candidato cuya posibilidad de ser elegido estribara, no en su poder, sino en su prestigio de hombre sabio y

El trono imperial era electivo. En este grabado aparecen, en primera línea, los siete electores, a ambos lados del emperador.

justo. Dentro de tales criterios, el candidato ideal era Federico el Sabio, respetado por los demás señores alemanes. Si Federico resultaba electo, las potencias europeas quedarían suficientemente divididas para permitirle al Papa gozar de cierto poder. Por tanto, desde antes de la muerte de Maximiliano, León había decidido acercarse a Federico, y apoyar su candidatura.

Pero Federico protegía a Lutero, al menos hasta que el fraile revoltoso fuese debidamente juzgado. Por tanto, León decidió que lo mejor era postergar la condenación de Lutero, y tratar de acercarse tanto al monje como al elector que lo defendía. Con esas instrucciones envió a Alemania a Karl von Miltitz, pariente de Federico, con una rosa de oro para el Elector en señal del favor papal, y, por así decir, con una rama de olivo para el monje.

Miltitz se entrevistó con Lutero, y logró que éste le prometiera abstenerse de continuar la controversia, siempre que sus enemigos hicieran lo mismo. Esto trajo una breve tregua, hasta que el teólogo conservador Juan Eck, profesor de la universidad de Ingolstadt, intervino en el asunto. En lugar de atacar a

Lutero, lo cual le hubiera hecho aparecer como quien había quebrantado la paz, Eck atacó a Carlstadt, otro profesor de la universidad de Wittenberg que se había convencido de las doctrinas de Lutero, pero que era mucho más impetuoso y exagerado que el Reformador. Eck retó a Carlstadt a un debate que tendría lugar en la universidad de Leipzig. Dadas las cuestiones planteadas, resultaba claro que el propósito de Eck era atacar a Lutero a través de Carlstadt, y por tanto el Reformador declaró que, puesto que lo que se ventilaría en Leipzig eran sus doctrinas, él también participaría en el debate.

La discusión se condujo con todas las formalidades de los ejercicios académicos, y duró varios días. Cuando llegó el momento en que Lutero y Eck se enfrentaron, resultó claro que el primero era mejor conocedor de las Escrituras, mientras el segundo se hallaba más a gusto en el derecho canónico y la teología medieval. Con toda destreza, Eck llevó el debate hacia su propio campo, y por fin obligó a Lutero a declarar que el Concilio de Constanza se equivocó al condenar a Huss, y que un cristiano con la Biblia de su parte tiene más autoridad que todos los papas y los concilios contra ella. Esto bastó. Lutero se había declarado defensor de un hereje condenado por un concilio ecuménico. Aunque los argumentos del Reformador resultaron mejores que los de su contrincante en muchos puntos, fue Eck quien ganó el debate, pues en él logró demostrar lo que se había propuesto: que Lutero era hereje, por cuanto defendía las doctrinas de los husitas.

Comenzó entonces un nuevo período de confrontaciones y peligros. Pero Lutero y los suyos habían empleado bien el tiempo que las circunstancias políticas les habían dado, de modo que por toda Alemania, y hasta fuera de ella, eran cada vez más los que veían en el monje agustino al campeón de la fe bíblica. Además del número siempre creciente de sus seguidores, particularmente entre los profesores de Wittenberg y de otras universidades, y entre los sacerdotes más celosos de sus responsabilidades, Lutero tenía las simpatías de los humanistas, que veían en él un defensor de la reforma que ellos mismos propugnaban, y de los nacionalistas, para quienes el monje era el portavoz de la protesta alemana frente a los abusos de Roma.

Luego, aunque unas semanas antes del debate de Leipzig

Por fin el Papa decidió condenar a Lutero mediante la bula Exsurge domine.

Carlos I de España había sido elegido emperador (con el voto de Federico el Sabio) y por tanto el Papa no tenía que andar con los miramientos de antes, la posición de Lutero se había fortalecido. Muchos caballeros alemanes llegaron a enviarle mensajes prometiéndole su apoyo armado, si el conflicto llegaba a estallar. Cuando por fin el Papa se decidió a actuar, su acción resultó demasiado tardía e ineficiente. En la bula *Exsurge domine*, León X declaraba que un jabalí salvaje había penetrado en la viña del Señor, ordenaba que los libros de Martín Lutero fueran quemados, y le daba al monje rebelde sesenta días para someterse a la autoridad romana, so pena de excomunión y anatema.

La bula tardó largo tiempo en llegar a manos de Lutero, pues las circunstancias políticas eran harto complejas. En varios lugares, al recibir copias de la bula, las obras del Reformador fueron quemadas. Pero en otros, algunos estudiantes y otros partidarios de Lutero, prefirieron quemar algunas de las obras que se oponían al movimiento reformador. Cuando por fin la bula le llegó a Lutero, éste la quemó, junto a otros libros que contenían las "doctrinas papistas". La ruptura era definitiva, y no había modo de volver atrás.

Faltaba ver todavía qué actitud tomarían los señores alemanes, y particularmente el Emperador, pues sin ellos era poco lo

Al quemar la bula papal, Lutero rompió definitivamente con Roma.

que el Papa podía hacer contra Lutero. Las gestiones que cada bando hizo fueron demasiado numerosas para narrar aquí. Baste decir que, aunque Carlos V era católico convencido, no dejó por ello de utilizar la cuestión de Lutero como un arma contra el Papa cuando éste pareció inclinarse hacia su rival, Francisco I de Francia. A la postre, tras largas idas y venidas, se resolvió que Lutero comparecería ante la dieta del Imperio, reunida en Worms en 1521.

Cuando Lutero llegó a Worms, fue llevado ante el Emperador y varios de los principales personajes del Imperio. Quien estaba a cargo de interrogarlo le presentó un montón de libros, y le preguntó si él los había escrito. Tras examinarlos, Lutero contestó que los había escrito todos, y varios otros que no estaban allí. Entonces su interlocutor le preguntó si continuaba sosteniendo todo lo que había dicho en ellos, o si estaba dispuesto a retractarse de algo. Este era un momento difícil para Lutero, no tanto porque temiera al poder imperial, sino porque temía sobremanera a Dios. Atreverse a oponerse a toda la iglesia y al Emperador, quien había sido ordenado por Dios, era un paso temerario. Una vez más el monje tembló ante la majestad divina, y pidió un día para considerar su respuesta.

Al día siguiente se había corrido la voz de que Lutero comparecería ante la dieta, y la concurrencia era grande. La presencia del Emperador en Worms, rodeado de soldados españoles que abusaban del pueblo, había exacerbado el sentimiento nacional. Una vez más, en medio del mayor silencio, se le preguntó a Lutero si se retractaba. El monje contestó diciendo que mucho de lo que había escrito no era más que la doctrina cristiana que tanto él como sus enemigos sostenían, y que por tanto nadie debía pedirle que se retractara de ello. Otra parte trataba acerca de la tiranía y las injusticias a que estaban sometidos los alemanes, y tampoco de esto se retractaba, pues tal no era el propósito de la dieta, y tal abjuración sólo contribuiría a aumentar la injusticia que se cometía. La tercera parte, que consistía en ataques contra ciertos individuos y en puntos de doctrina que sus contrincantes rechazaban, quizá había sido dicha con demasiada aspereza. Pero tampoco de ella se retractaba, de no ser que se le convenciera de que estaba equivocado. Su interlocutor insistió: "¿Te retractas, o no?" Y a ello respondió Lutero, en alemán y desdeñando por tanto el latín de los teólogos: "No puedo ni quiero retractarme de cosa alguna, pues ir contra la conciencia no es justo ni seguro. Dios me ayude. Amén".

Al quemar la bula papal, Lutero había roto definitivamente con Roma. Ahora, en Worms, rompía con el Imperio. No le faltaban por tanto razones para clamar: "Dios me ayude".

III
La teología
de Martín Lutero

*Los amigos de la cruz afirman que
la cruz es buena y que las obras
son malas, porque mediante la cruz
las obras son derrocadas y el viejo
Adán, cuya fuerza está en las obras,
es crucificado.*

Martín Lutero

Antes de continuar narrando la vida de Lutero, y su labor
reformadora, debemos detenernos a considerar su teología, que
fue la base de esa vida y esa obra. Al llegar el momento de la
dieta de Worms, la teología del Reformador había alcanzado su
madurez. A partir de entonces, lo que Lutero hará será sencillamente elaborar las consecuencias de esa teología. Por tanto, éste
parece ser el momento adecuado para interrumpir nuestra
narración, y darle al lector una idea más adecuada de la visión
que Lutero tenía del mensaje cristiano. Al contar su peregrinación espiritual, hemos dicho algo acerca de la doctrina de la
justificación por la fe. Pero esa doctrina, con todo y ser fundamental, no es la totalidad de la teología de Lutero.

La Palabra de Dios

Es de todos sabido que Lutero trata de hacer de la Palabra de
Dios el punto de partida y la autoridad final de su teología.
Como profesor de Sagrada Escritura, la Biblia tenía para él gran
importancia, y en ella descubrió la respuesta a sus angustias

espirituales. Pero esto no quiere decir que Lutero sea un biblicista rígido, pues para él la Palabra de Dios es mucho más que la Biblia. La Palabra de Dios es nada menos que Dios mismo.

Esta última aseveración se basa en los primeros versículos del Evangelio de Juan, donde se dice que "al principio era la Palabra, y la Palabra era con Dios, y la Palabra era Dios". Las Escrituras nos dicen entonces que, en el sentido estricto, la Palabra de Dios es Dios mismo, la segunda persona de la Trinidad, el Verbo que se hizo carne y habitó entre nosotros. Luego, cuando Dios habla, lo que sucede no es sencillamente que se nos comunica cierta información, sino también y sobre todo que Dios actúa. Esto puede verse también en el libro de Génesis, donde la Palabra de Dios es la fuerza creadora: "dijo Dios. . .". Luego, cuando Dios habla Dios crea lo que pronuncia. Su Palabra, además de decirnos algo, hace algo en nosotros y en toda la creación.

Esa Palabra se encarnó en Jesucristo, quien es a la vez la máxima revelación de Dios y su máxima acción. En Jesús, Dios se nos dio a conocer. Pero también en El venció a los poderes del maligno que nos tenían sujetos. La revelación de Dios es también la victoria de Dios.

La Biblia es entonces Palabra de Dios, no porque sea infalible, o porque sea un manual de verdades que los teólogos puedan utilizar en sus debates entre sí. La Biblia es Palabra de Dios porque en ella Jesucristo se llega a nosotros. Quien lee la Biblia y no encuentra en ella a Jesucristo, no ha leído la Palabra de Dios. Por esto Lutero, al mismo tiempo que insistía en la autoridad de las Escrituras, podía hacer comentarios peyorativos acerca de ciertas partes de ellas. La epístola de Santiago, por ejemplo, le parecía ser "pura paja", porque en ella no se trata del evangelio, sino de una serie de reglas de conducta. También el Apocalipsis le causaba dificultades. Aunque no estaba dispuesto a quitar tales libros del canon, Lutero confesaba abiertamente que se le hacía difícil ver a Jesucristo en ellos, y que por tanto tenían escaso valor para él.

Esta idea de la Palabra de Dios como Jesucristo era la base de la respuesta de Lutero a uno de los principales argumentos de los católicos. Estos argüían que, puesto que era la iglesia quien había determinado qué libros debían formar parte del canon bíblico, la iglesia tenía autoridad sobre las Escrituras. La respuesta de Lutero era que, ni la iglesia había creado la Biblia, ni la Biblia había creado a la iglesia, sino que el evangelio las había creado a ambas. La autoridad final no radica en la Biblia ni en la iglesia, sino en el evangelio, en el mensaje de Jesucristo, quien es la Palabra de Dios encarnada. Puesto que la Biblia da un testimonio más fidedigno de ese evangelio que la iglesia corrompida del papa, y que las tradiciones medievales, la Biblia tiene autoridad por encima de esa iglesia y esas tradiciones, aun cuando sea cierto que, en los primeros siglos, fue la iglesia la que reconoció el evangelio en ciertos libros, y no en otros, y determinó así el contenido del canon bíblico.

El conocimiento de Dios

Lutero concuerda con buena parte de la teología tradicional al afirmar que es posible tener cierto conocimiento de Dios por medios puramente racionales o naturales. Este conocimiento le permite al ser humano saber que Dios existe, y distinguir entre el bien y el mal. Los filósofos de la antigüedad lo tuvieron, y las leyes romanas muestran que por lo general los paganos sabían distinguir entre el bien y el mal. Además, los filósofos llegaron a la conclusión de que hay un Ser Supremo, del cual todas las cosas derivan su existencia.

Pero ése no es el verdadero conocimiento de Dios. A Dios no se le conoce como quien usa una escalera para subir al tejado. Todos los esfuerzos de la mente humana por elevarse al cielo, y conocer a Dios, resultan fútiles.

Eso es lo que Lutero llama "teología de la gloria". Tal teología pretende ver a Dios tal cual es, en su propia gloria, sin tener en cuenta la distancia enorme que separa al ser humano de Dios. Lo que la teología de la gloria hace en fin de cuentas es pretender ver a Dios en aquellas cosas que los humanos consideramos más valiosas, y por tanto habla del poder de Dios, la gloria de Dios y la bondad de Dios. Pero todo esto no es más que hacer a Dios a nuestra propia imagen, y pretender que Dios es como nosotros quisiéramos que fuese.

El hecho es que Dios en su revelación se nos da a conocer de un modo muy distinto. La suprema revelación de Dios tiene lugar en la cruz de Cristo, y por tanto Lutero propone que, en lugar de la "teología de la gloria", se siga el camino de la "teología de la cruz". Lo que tal teología busca es ver a Dios, no donde nosotros quisiéramos verle, ni como nosotros quisiéramos que fuera, sino donde Dios se revela, y tal como se revela, es decir, en la cruz. Allí Dios se manifiesta en la debilidad, en el sufrimiento, en el escándalo. Esto quiere decir que Dios actúa de un modo radicalmente distinto a como podría esperarse. Dios, en la cruz, destruye todas nuestras ideas preconcebidas de la gloria divina.

Cuando conocemos a Dios en la cruz, el conocimiento anterior, es decir, todo lo que sabíamos acerca de Dios mediante la razón o por la ley interior de la conciencia, cae por tierra. Lo que ahora conocemos de Dios es muy distinto de ese otro supuesto conocimiento de Dios en su gloria.

La ley y el evangelio

A Dios se le conoce verdaderamente en su revelación. Pero aun en su misma revelación, Dios se nos da a conocer de dos modos, a saber, la ley y el evangelio. Esto no quiere decir sencillamente que primero venga la ley, y después el evangelio. Ni quiere decir tampoco que el Antiguo Testamento se refiera a la ley, y el Nuevo al evangelio. Lo que quiere decir es mucho más profundo. El contraste entre la ley y el evangelio da a entender que, cuando Dios se revela, esa revelación es a la vez palabra de condenacion y de gracia.

La justificación por la fe, el mensaje del perdón gratuito de Dios, no quiere decir que Dios sea indiferente al pecado. No se trata sencillamente de que Dios nos perdone porque en fin de cuentas nuestro pecado le tenga sin cuidado. Al contrario, Dios es santo, y el pecado le repugna. Cuando Dios habla, el contraste entre su santidad y nuestro pecado nos aplasta, y ésa es la ley.

Pero al mismo tiempo, y hasta a veces en la misma Palabra, Dios pronuncia su perdón sobre nosotros. Ese perdón es el evangelio, y es tanto más grande por cuanto la ley es tan sobrecogedora. No se trata entonces de un evangelio que nos dé a entender que nuestro pecado no tiene mayor importancia, sino de un evangelio que, precisamente debido a la gravedad del pecado, se torna más sorprendente.

Cuando escuchamos esa palabra de perdón, la ley, que antes nos resultaba onerosa y hasta odiosa, se nos torna dulce y aceptable. Comentando sobre el Evangelio de Juan, Lutero dice: Antes no había en la ley delicia alguna para mí. Pero ahora descubro que la ley es buena y sabrosa, y que me ha sido dada para que viva, y ahora encuentro en ella mi delicia. Antes me decía lo que debía hacer. Ahora empiezo a ajustarme a ella. Y por ello ahora adoro, alabo y sirvo a Dios.

Esta dialéctica constante entre la ley y el evangelio quiere decir que el cristiano es a la vez justo y pecador. No se trata de que el pecador deje de serlo cuando es justificado. Al contrario, quien recibe la justificación por la fe descubre en ella misma cuán pecador es, y no por ser justificado deja de pecar. La justificación no es la ausencia de pecado, sino el hecho de que Dios nos declara justos aun en medio de nuestro pecado, de igual modo que el evangelio se da siempre en medio de la ley.

La iglesia y los sacramentos

Lutero no fue ni el individualista ni el racionalista que muchos han hecho de él. Durante el siglo XIX, cuando el individualismo y el racionalismo se hicieron populares, muchos historiadores dieron la impresión de que Lutero había sido uno de los precursores de tales corrientes. Esto iba frecuentemente unido al intento de hacer aparecer a Alemania como la gran nación, madre de la civilización moderna y de todo cuanto hay en ella de valioso. Lutero se convertía entonces en el gran héroe alemán, fundador de la modernidad.

Pero todo esto no se ajusta a la verdad histórica. El hecho es que Lutero distó mucho de ser racionalista. Basten para probarlo sus frecuentes referencias a "la cochina razón", y "esa ramera, la razón". En cuanto a su supuesto individualismo, la verdad es que éste era más poderoso entre los renacentistas italianos que en el reformador alemán, y que en todo caso Lutero le daba demasiada importancia a la iglesia para ser un verdadero individualista.

A pesar de su protesta contra las doctrinas comúnmente aceptadas, y de su rebeldía contra las autoridades de la iglesia romana, Lutero siempre pensó que la iglesia era parte esencial del mensaje cristiano. Su teología no era la de una comunión directa del individuo con Dios, sino que era más bien la de una vida cristiana en medio de una comunidad de fieles, a la que repetidamente llamó "madre iglesia".

Si bien es cierto que todos los cristianos, por el solo hecho de ser bautizados, son sacerdotes, esto no quiere decir que cada uno de nosotros deba bastarse por sí mismo para llegarse a Dios. Naturalmente, sí hay tal comunicación directa con el Creador. Pero hay también una responsabilidad orgánica. El ser sacerdotes no quiere decir que solamente lo seamos para nosotros mismos, sino que lo somos también para los demás, y los demás son sacerdotes para nosotros. En lugar de abolir la necesidad de la iglesia, la doctrina del sacerdocio universal de los creyentes la aumenta. Claro está que no necesitamos ya de un sacerdocio jerárquico que sea nuestro único medio de llegarnos a Dios. Pero sí necesitamos de esta comunidad de creyentes, el cuerpo de Cristo, dentro del cual cada miembro es sacerdote de los demás, y nutre a los demás. Sin esa relación con el cuerpo, el miembro no puede continuar viviendo.

Dentro de esa iglesia, la Palabra de Dios se llega a nosotros en los sacramentos. Para que un rito sea verdadero sacramento, ha de haber sido instituido por Jesucristo, y ha de ser una señal física de las promesas evangélicas. Por tanto, hay solamente dos sacramentos, el bautismo y la comunión. Los demás ritos que reciben ese nombre, aunque pueden ser beneficiosos, no son sacramentos del evangelio.

El bautismo es señal de la muerte y resurrección del cristiano con Jesucristo. Pero es mucho más que una señal, pues por él y en él somos hechos miembros del cuerpo de Cristo. El bautismo y la fe van estrechamente unidos, pues el rito sin la fe no es válido. Pero esto no ha de entenderse en el sentido de que haya que tener fe antes de ser bautizado, y que por tanto no se pueda bautizar a niños. Si dijéramos tal cosa, caeríamos en el error de quienes creen que la fe es una obra humana, y no un don de Dios. En la salvación, la iniciativa es siempre de Dios, y esto es lo que anunciamos al bautizar a niños tan pequeños que son incapaces de entender de qué se trata. Además, el bautismo no es solamente el comienzo de la vida cristiana, sino que es el fundamento o el contexto dentro del cual toda esa vida tiene lugar. El bautismo es válido, no sólo en el momento de ser administrado, sino para toda la vida. Por ello se cuenta que el propio Lutero, cuando se sentía fuertemente tentado, exclamaba: "soy bautizado". En su bautismo estaba la fuerza para resistir todos los embates del maligno.

La comunión es el otro sacramento de la fe cristiana. Lutero rechazó buena parte de la teología católica acerca de la comunión. Particularmente se opuso a las misas privadas, la comunión como repetición del sacrificio de Cristo, la idea de que la misa confiere méritos, y la doctrina de la transubstanciación. Pero todo esto no lo llevó a pensar que la comunión era de escasa importancia. Al contrario, para él la eucaristía siempre siguió siendo, junto a la predicación, el centro del culto cristiano.

La cuestión de cómo está presente Cristo en el sacramento fue motivo de controversias, no sólo con los católicos, sino también con los protestantes. Lutero rechazaba categóricamente la doctrina de la transubstanciación, que le parecía demasiado atada a categorías aristotélicas, y por tanto paganas, y que además era la base de la idea de la misa como sacrificio meritorio, que se oponía radicalmente a la doctrina de la justificación por la fe.

Pero, por otra parte, Lutero tampoco estaba dispuesto a decir que la comunión era un mero símbolo de realidades espirituales. Las palabras de Jesús al instituir el sacramento: "esto es mi cuerpo", le parecían completamente claras. Por tanto, según Lutero, en la comunión los fieles participan verdadera y literalmente del cuerpo de Cristo. Esto no indica, como en la transubstanciación, que el pan se convierta en cuerpo, y el vino en sangre. El pan sigue siendo pan, y el vino sigue siendo vino. Pero ahora están también en ellos el cuerpo y la sangre del Señor, y el creyente se alimenta de ellos al tomar el pan y el vino. Aunque más tarde se le dio a esta doctrina el nombre de "consubstanciación", Lutero nunca la llamó así, sino que prefería hablar de la presencia de Cristo en, con, bajo, alrededor de y tras el pan y el vino.

No todos los que se oponían a las doctrinas tradicionales concordaban con Lutero en este punto, que pronto se volvió uno de los factores más divisivos entre ellos. Carlstadt, el colega de Lutero en la universidad de Wittenberg que participó con él en el debate de Leipzig, decía que la presencia de Cristo en el sacramento era sólo simbólica, y que cuando Jesús dijo: "esto es mi cuerpo", estaba apuntando hacia sí mismo, y no hacia el pan. Zwinglio, de quien trataremos más adelante, sostenía opiniones parecidas, aunque con mejores argumentos bíblicos. A la postre, esta cuestión fue uno de los principales motivos de división entre luteranos y reformados o calvinistas.

Los dos reinos

Antes de terminar esta brevísima exposición de los principales puntos de la teología de Lutero, debemos referirnos al modo en que el Reformador entendió las relaciones entre la iglesia y el estado. Según él, Dios ha establecido dos reinos, uno bajo la ley y otro bajo el evangelio. El estado opera bajo la ley, y su principal propósito es ponerle límites al pecado humano. Sin el estado, los malos no tendrían freno. Los creyentes, por otra parte, pertenecen al segundo reino, y están bajo el evangelio. Esto quiere decir que los creyentes no han de esperar que el estado apoye su fe, o persiga a los herejes. Aun más, no hay razón alguna por la que debamos esperar que los gobernantes sean cristianos. Como gobernantes, su obediencia se debe a la ley, y no al evangelio. En el reino del evangelio las autoridades civiles no tienen poder alguno. En lo que se refiere a ese reino, los cristianos no están sujetos al estado. Pero no olvidemos que los creyentes, al mismo tiempo que son justificados por la fe, siguen siendo pecadores. Por tanto, en cuanto somos pecadores, todos estamos sujetos al estado.

Lo que esto quiere decir en términos concretos es que la verdadera fe no ha de imponerse mediante la autoridad civil, sino mediante la proclamación de la Palabra. Lutero se opuso repetidamente a que los príncipes que lo apoyaban emplearan su autoridad para defender su causa, y solamente tras larga vacilación por fin les dijo que podían apelar a las armas en defensa propia contra quienes pretendían aplastar la Reforma.

Esto no quiere decir que Lutero fuese pacifista. Cuando, como veremos en el próximo capítulo, los turcos amenazaron a la cristiandad, Lutero llamó a sus seguidores a las armas. Y cuando diversos grupos y movimientos, tales como los campesinos rebeldes y los anabaptistas, le parecieron subversivos, no vaciló en afirmar que las autoridades civiles tenían el deber de aplastarlos. Lo que sí quiere decir es que Lutero siempre tuvo dudas acerca de cómo la fe debía relacionarse con la vida civil y política. Y esas vacilaciones han continuado apareciendo en buena parte de la tradición luterana hasta el siglo XX.

IV
Una década
de incertidumbre

*Lutero ha de ser tenido por hereje
comprobado. [...] Nadie ha de
prestarle asilo. Sus seguidores han
de ser condenados. Y sus libros serán
extirpados de la memoria humana.*

Edicto de Worms

Al quemar la bula papal, Lutero se había declarado en rebeldía
contra las autoridades eclesiásticas. En Worms, al negarse a
abjurar, se mostró igualmente firme ante el poder del Emperador. Este no estaba dispuesto a permitir que un fraile revoltoso
lo desobedeciera, y por tanto se preparó para añadir la condenación civil sobre la eclesiástica de que Lutero era ya objeto.
Empero esto no resultaba tan fácil, porque varios de los principales miembros de la dieta se oponían a ello. Cuando por fin,
forzada por el Emperador, la dieta promulgó el edicto que
citamos al principio de este capítulo, Lutero se encontraba a
salvo en el castillo de Wartburgo.

El exilio en Wartburgo

Lo que había sucedido era que Federico el Sabio, enterado de
que el Emperador forzaría a la dieta a condenar a Lutero, lo
había puesto a salvo. Un grupo de hombres armados, bajo instrucciones de Federico, había secuestrado al fraile y lo había
llevado a Wartburgo. Debido a sus propias instrucciones, ni el

mismo Federico sabía dónde estaba escondido Lutero. Muchos lo daban por muerto, y corrían rumores de que se le había matado por orden del Papa o del Emperador.

Escondido en Wartburgo, Lutero se dejó crecer la barba, les escribió a algunos de sus colaboradores más cercanos diciéndoles que no temieran por su paradero, y se dedicó a escribir. De todas sus obras de ese período, ninguna es tan importante como la traducción de la Biblia. El Nuevo Testamento, comenzado en Wartburgo, fue terminado dos años más tarde, y el Antiguo le tomó diez. Pero la importancia de aquella obra bien valía el tiempo empleado en ella, pues la Biblia de Lutero, además de darle nuevo ímpetu al movimiento reformador, le dio forma al idioma y por tanto a la nacionalidad alemana.

Mientras Lutero estaba en el exilio, varios de sus colaboradores se ocuparon de continuar la labor reformadora en Wittenberg. De ellos los dos más destacados eran Carlstadt y Felipe Melanchthon, un joven profesor de griego, de temperamento muy diferente al de Lutero pero convencido de las opiniones de su colega. Hasta entonces, la reforma que Lutero preconizaba no había tomado forma concreta en la vida religiosa de Wittenberg. Lutero era un hombre tan temeroso de Dios que había vacilado en dar los pasos concretos que se seguían de su doctrina. Pero ahora, en ausencia suya, esos pasos se siguieron rápidamente unos a otros. Muchos monjes y monjas dejaron sus monasterios y se casaron. Se simplificó el culto, y se empezó a usar en él alemán en vez de latín. Se abolieron las misas por los muertos. Se cancelaron los días de ayuno y abstinencia. Melanchthon empezó a ofrecer la comunión en ambas especies: es decir, a darles el cáliz a los laicos.

Al principio Lutero vio todo esto con agrado. Pero pronto comenzó a tener dudas acerca de lo que estaba teniendo lugar en Wittenberg. Cuando Carlstadt y varios de sus seguidores se dedicaron a derribar imágenes, Lutero les aconsejó moderación. Entonces aparecieron en Wittenberg tres laicos procedentes de la vecina Zwickau, que decían ser profetas. Según ellos, Dios les hablaba directamente, y no tenían necesidad de las Escrituras. Melanchthon no sabía qué responder a tales pretensiones, y le pidió consejo al exiliado de Wartburgo. Por fin Lutero decidió que lo que estaba en juego era nada menos que el evangelio

La Biblia alemana fue una de las obras más notables de Lutero. Aunque otros habían emprendido la misma empresa ninguna traducción logró alcanzar el arraigo de la de Lutero.

mismo, y regresó a Wittenberg. Antes de dar ese paso se lo hizo saber a Federico el Sabio, aunque le dijo claramente que no esperaba su protección, sino que confiaba únicamente en Dios, a cuyo servicio estaba.

Las circunstancias políticas

Aunque Lutero no era hombre que hiciera cálculos en ese sentido, el hecho es que la razón por la que Federico pudo tenerlo escondido en el castillo de Wartburgo, y la razón por la que después él mismo pudo regresar a Wittenberg sin ser encarcelado y muerto, era la condición política del momento. Carlos V estaba decidido a arrancar de raíz la "herejía" luterana. Pero por lo pronto se veía amenazado por otros enemigos más poderosos. En medio de tales circunstancias, el Emperador no podía permitirse el lujo de enemistar a sus súbditos alemanes a causa de quien todavía le parecía ser un fraile testarudo.

El gran enemigo de Carlos V era Francisco I de Francia. Este rey, que al principio de su reinado había sido sin lugar a dudas el monarca más poderoso de Europa, veía con disgusto el creciente poder del Rey de España y Emperador de Alemania. Poco antes de la dieta de Worms, los dos rivales habían chocado en Navarra. (Como veremos más adelante, fue en ese encuentro donde Ignacio de Loyola recibió la herida que a la postre haría de él el gran reformador católico.) Durante el mismo año de 1521, y hasta el 1525, Carlos V se vio envuelto en guerras casi constantes con Francisco I. Por fin, en la batalla de Pavía, el Rey de Francia cayó prisionero de las tropas imperiales, y el conflicto pareció haber llegado a su fin.

En el entretanto, solamente unos meses después de la dieta de Worms, León X había muerto, y Carlos V había hecho elegir papa a su tutor Adriano de Utrecht, quien tomó el nombre de Adriano VI. Este papa, al tiempo que deseaba reformar la iglesia, no estaba dispuesto a que se discutieran sus doctrinas. Por tanto, implantó en Roma una vida austera, y comenzó una reforma que, de haber tenido buen éxito, quizá hubiera eclipsado a la que había comenzado en Alemania. Pero Adriano murió al año y medio de ser hecho papa, y sus reformas no lograron

La familia del emperador Maximiliano. Frente a él se encuentra Felipe el Hermoso, archiduque de Austria y esposo de Juana la Loca. Al frente están Carlos V, hijo de Felipe, y su hermano menor Fernando I.

echar raíces. Su sucesor, Clemente VII, era un hombre muy parecido a León X, más interesado en el arte y en la política italiana que en los asuntos de la iglesia. Pronto hubo fricciones entre el Emperador y el nuevo papa.

Carlos V firmó en Madrid un tratado de paz con su prisionero Francisco, y a base de ese tratado le devolvió la libertad. Pero las estipulaciones de la paz de Madrid eran demasiado onerosas, y hasta vergonzosas, para Francia, y pronto Francisco hizo con Clemente VII un pacto contra Carlos V. Este último creía poder contar con la ayuda de Francia y del papado para extirpar la herejía luterana y para detener el avance de los turcos, e inesperadamente sus dos supuestos aliados le declararon la guerra. En el 1527 las tropas imperiales, compuestas mayormente de españoles y alemanes, invadieron Italia y se dirigieron hacia Roma. La ciudad pontificia estaba indefensa, y el Papa tuvo que refugiarse en el castillo de San Angel mientras los invasores saqueaban la ciudad. Puesto que muchos de éstos eran luteranos, para ellos ese saqueo tomó matices religiosos: era Dios quien finalmente tomaba venganza del Anticristo. La situación del Papa era desesperada cuando, a principios de 1528, un ejército francés, con el apoyo económico de Inglaterra, acudió a socorrerlo. Las tropas imperiales se vieron obligadas a replegarse, y hubieran sido aniquiladas de no ser porque una epidemia forzó a los franceses a abandonar la contienda. En 1529, Carlos V logró firmar la paz, primero con el Papa y después con el Rey de Francia.

Por fin Carlos V parecía estar libre para enfrentarse al luteranismo, cuando una nueva amenaza lo obligó a postergar esa acción una vez más. Los turcos, al mando de Soleimán, se lanzaron sobre Viena, la capital de las posesiones austriacas del Emperador. Ante esta amenaza, todos los alemanes se unieron, y la cuestión religiosa fue pospuesta. Viena se defendió valientemente, y Soleimán se vio obligado a levantar el sitio cuando supo que el ejército alemán se acercaba.

Fue entonces cuando, tras larga ausencia, Carlos V regresó a Alemania. Uno de sus principales proyectos era aplastar el luteranismo. Pero durante el tiempo transcurrido habían tenido lugar en Alemania acontecimientos de gran importancia.

Las rebeliones de los nobles y de los campesinos

En 1522 y 1523, la baja nobleza se había sublevado, bajo la dirección de Franz von Sickingen. Durante largo tiempo esa clase había visto eclipsarse su fortuna, y muchos de sus miembros culpaban de ello a Roma. Entre estos caballeros sin tierras ni dinero, el nacionalismo era fortísimo. Muchos se habían sumado a los seguidores de Lutero, en quien veían al campeón nacional. Algunos, como Ulrico von Hutten, estaban convencidos de la verdad de lo que predicaba Lutero, aunque querían llevarlo más lejos. Cuando por fin los caballeros se rebelaron, y atacaron a Tréveris, fueron derrotados decisivamente por los príncipes, quienes aprovecharon esa coyuntura para apoderarse de las pocas tierras que todavía tenían los pequeños nobles. Sickingen murió en el combate, y Hutten se exilió en Suiza, donde murió poco después. Todo esto fue visto por Lutero y sus colegas más cercanos como una gran tragedia, y una prueba más de que es necesario someterse a las autoridades civiles.

Poco después, en 1525, estalló la rebelión de los campesinos. Estos habían sufrido por varias décadas una opresión siempre creciente, y por tanto había habido rebeliones en 1476, 1491, 1498, 1503 y 1514. Pero ninguna de ellas tuvo la magnitud de la de 1525.

En esta nueva rebelión, un factor vino a añadirse a las demandas económicas de los campesinos. Ese nuevo factor fue la predicación de los reformadores. Aunque el propio Lutero no creía que su predicación debía ser aplicada en términos políticos, hubo muchos que no estuvieron de acuerdo con él en este punto. Uno de ellos fue Tomás Müntzer, natural de Zwickau, cuyas primeras doctrinas se parecían mucho a las de los profetas de Zwickau. Según él, lo que importaba no era el texto de las Escrituras, sino la revelación presente del Espíritu. Pero esa doctrina espiritualista tenía un aspecto altamente político, pues Müntzer creía que quienes eran nacidos de nuevo por obra del Espíritu debían unirse en una comunidad teocrática, para traer el reino de Dios. Lutero había obligado a Müntzer a abandonar la región. Pero el fogoso predicador regresó, y se unió entonces a la rebelión de los campesinos.

Aun aparte de Müntzer, esta nueva rebelión tenía un tono religioso. En sus "Doce artículos", los campesinos presentaban varias demandas económicas, y otras religiosas. Pero trataban de basarlo todo en las Escrituras, y su último artículo declaraba que, si se probaba que alguna de sus demandas era contraria a las Escrituras, sería retirada.

Luego, aunque el propio Lutero no haya visto esa relación, tienen razón los historiadores que dicen que la rebelión de los

En 1525, en medio de la guerra de los campesinos, Lutero contrajo matrimonio con Katherine von Bora, quien antes había sido monja y resultó ser
una esposa admirable.

campesinos se debió en buena medida a la predicación de Lutero y sus seguidores. En todo caso, Lutero no sabía cómo responder a esa nueva situación. Posiblemente su doctrina de los dos reinos le hacía más difícil saber qué hacer. Cuando primero leyó los "Doce artículos", se dirigió a los príncipes, diciéndoles que lo que se pedía en ellos era justo. Pero cuando la rebelión tomó forma, y los campesinos se alzaron en armas, Lutero trató de disuadirlos, y a la postre instó a los príncipes a que tomaran medidas represivas. Después, cuando la rebelión fue ahogada en sangre, el Reformador conminó a los príncipes para que tuvieran misericordia de los vencidos. Pero sus palabras no fueron escuchadas, y se calcula que más de 100.000 campesinos fueron muertos.

Las consecuencias de todo esto fueron también funestas para la causa de la Reforma. Los príncipes católicos culparon al luteranismo de la rebelión, y a partir de entonces prohibieron todo intento de predicar la reforma en sus territorios. En cuanto a los campesinos, muchos de ellos abandonaron el luteranismo, y regresaron a la vieja fe o se hicieron anabaptistas.

La ruptura con Erasmo

Mientras Alemania se veía sacudida por todos estos acontecimientos, los católicos moderados se vieron obligados a tomar partido entre Lutero y sus contrincantes. El más famoso de los humanistas, Erasmo, había visto con simpatía el comienzo de la reforma luterana, pero la discordia que había surgido de ella le repugnaba. Por largo tiempo Erasmo evitó declararse en contra de Lutero, pues su espíritu pacífico odiaba las controversias. Pero por fin la presión fue tal que no era posible evitar la ruptura con uno u otro bando. Erasmo había sido siempre buen católico, aunque se dolía de la ignorancia y corrupción del clero. Por tanto, cuando se vio obligado a decidirse, no había para él otra alternativa que optar por la religión tradicional.

En lugar de atacar a Lutero en lo que se refería a las indulgencias, el sacrificio de la misa, o la autoridad del papa, Erasmo escogió como campo de batalla la cuestión del libre albedrío. Su doctrina de la justificación por la fe, que es don de

Dios, y sus estudios de Agustín y San Pablo, habían llevado a
Lutero a afirmar la doctrina de la predestinación. En este punto
Erasmo lo atacó en un tratado acerca del libre albedrío.

Lutero respondió con su vehemencia característica, aunque le
agradecía a Erasmo el haber centrado la polémica sobre un
punto fundamental, y no sobre cuestiones periféricas tales como
la venta de indulgencias, las reliquias de los santos, etc. Para
Lutero, la idea del libre albedrío humano que tenían los filósofos, y que era común entre los moralistas de su época, no se
percataba del poder del pecado. El pecado humano es tal que no
tenemos poder alguno para librarnos de él. Sólo mediante la
acción de Dios podemos ser justificados y librados del poder del
maligno. Y aun entonces seguimos siendo pecadores. Por tanto,
nuestra voluntad nada puede por sí misma cuando se trata de
servir a Dios.

Esa controversia entre Lutero y Erasmo con respecto al libre
albedrío hizo que muchos humanistas abandonaran la causa
luterana. Otros, como Felipe Melanchthon, continuaron
apoyando a Lutero, aunque sin romper sus relaciones cordiales
con Erasmo. Pero éstos eran los menos, y por tanto puede
decirse que la polémica sobre el libre albedrío marcó la ruptura
definitiva entre la reforma luterana y la humanista.

Las dietas del Imperio

Mientras todo esto sucedía, y en ausencia del Emperador, era
necesario seguir gobernando el Imperio. Puesto que Carlos V
había tenido que ausentarse inmediatamente después de la dieta
de Worms, y puesto que el edicto de esa dieta había sido obra
suya, la Cámara Imperial que gobernaba en su lugar no trató de
aplicarlo. Cuando se reunió de nuevo la dieta en Nuremberg,
en 1523, se adoptó una política de tolerancia hacia el luteranismo, a pesar de que los legados del Papa y del Emperador protestaron.

En 1526, cuando Carlos V se veía obligado a enfrentarse a la
vez al Papa y al Rey de Francia, la dieta de Spira declaró que,
dadas las nuevas circunstancias, el edicto de Worms no era
válido, y que por tanto cada estado tenía libertad de seguir el
curso religioso que su conciencia le dictara. Varios de los

territorios del sur de Alemania, además de Austria, optaron por la fe católica, mientras muchos otros prefirieron la luterana. A partir de entonces, Alemania quedó transformada en un mosaico religioso. En 1529, la segunda dieta de Spira siguió un curso muy distinto. En aquel momento el Emperador era más poderoso, y varios príncipes que antes habían sido moderados se pasaron al bando católico. Allí se reafirmó el edicto de Worms. Fue entonces cuando los príncipes luteranos protestaron formalmente, y por ello a partir de ese momento se les empezó a llamar "protestantes".

Carlos V regresó por fin a Alemania en 1530, para la celebración de la dieta de Augsburgo. En la dieta de Worms, el Emperador no había querido oír de qué trataba el debate. Pero ahora, en vista del curso de los acontecimientos, pidió que se le presentara una exposición ordenada de los puntos en discusión. Ese documento, preparado principalmente por Melanchthon, es lo que se conoce como la "Confesión de Augsburgo". Al principio representaba sólo a los protestantes de Sajonia. Pero poco a poco otros fueron firmándolo, y pronto llegó a servir para presentar ante el Emperador un frente casi totalmente unido (había otras dos confesiones minoritarias, que no concordaban con ésta de la mayoría de los protestantes).

Nuevamente, el Emperador montó en cólera, y les dio a los protestantes hasta abril del año siguiente para retractarse.

La Liga de Esmalcalda

Una vez más, el protestantismo estaba amenazado de muerte. Si el Emperador unía sus recursos españoles a los de los príncipes alemanes católicos, no le sería difícil aplastar a cualquiera de los príncipes protestantes e imponer el catolicismo en sus territorios. Ante esta amenaza, los gobernantes de los territorios protestantes se reunieron para tomar una acción conjunta. Tras largas vacilaciones, Lutero llegó a la conclusión de que era lícito tomar las armas en defensa propia contra el Emperador. Los territorios protestantes formaron entonces la Liga de Esmalcalda, cuyo propósito era ofrecer resistencia al edicto imperial, si Carlos V se decidía a imponerlo por las armas.

La lucha prometía ser larga y costosa, cuando una vez más la política internacional obligó a Carlos a posponer toda acción contra los protestantes. Francisco I se preparaba de nuevo para la guerra, y los turcos daban muestras de querer vengar el fracaso de su campaña anterior. En tales circunstancias, Carlos V tenía que contar con el apoyo de todos sus súbditos alemanes. Se comenzaron por tanto las negociaciones entre protestantes y católicos, y se llegó por fin a la paz de Nuremberg, firmada en 1532.

Según ese acuerdo, se les permitiría a los protestantes continuar en su fe, pero les estaría prohibido extenderla hacia otros territorios. El edicto imperial de Augsburgo quedaba suspendido, y los protestantes le ofrecían al Emperador su apoyo contra los turcos, al tiempo que se comprometían a no ir más allá de la Confesión de Augsburgo.

Como antes, las condiciones políticas habían obrado en pro del protestantismo, que continuaba extendiéndose hacia nuevos territorios, aun a pesar de lo acordado en Nuremberg.

Darnach folgt das Sanctus Lateynisch oder Teütsch. Darauff als bald. Oremus precep tis salutaribus moniti: et diuina institutione formati audemus dicere. pater noster zc. Dar nach als bald. Pax domini sit semper vobis cum zc. Oder aber Teütsch wie es hernach notirt ist.

Last vns beten. Uater vnser der
du pist im himel Geheyligt werd
dein na mel Zu kum dein reich
Dein will geschehe/ als im by mel
auch auff er den/ Vnser teglich

K ij

En medio de las vicisitudes políticas, Lutero se ocupó de darle forma litúr-gica a su teología. En este himnario se ofrece la posibilidad de adorar tanto en latín como en alemán.

V
Ulrico Zwinglio y la Reforma en Suiza

*Si el hombre interno es tal que
halla su deleite en la ley de Dios,
porque ha sido creado a imagen divina
a fin de tener comunión con El,
se sigue que no habrá ley ni palabra
alguna que le cause más deleite
a ese hombre interno que la Palabra
de Dios.*

Ulrico Zwinglio

Al estudiar a Lutero y el movimiento reformador que él dirigió en Alemania, vimos que el nacionalismo alemán y el humanismo se movieron paralelamente a la obra del gran Reformador, quien no era en verdad nacionalista ni humanista. El caso de Ulrico Zwinglio es muy distinto, pues en él los principios reformadores, el sentimiento patriótico y el humanismo se conjugan en un programa de reforma religiosa, intelectual y política.

La peregrinación de Zwinglio

Zwinglio nació en enero de 1484, menos de dos meses después que Lutero, en una pequeña aldea suiza. Tras recibir sus primeras letras de su tío, fue a estudiar a Basilea y Berna, donde el humanismo estaba en boga. Después fue a la universidad de Viena, y de nuevo a Basilea. Cuando recibió su título de Maestro en Artes, en 1506, dejó los estudios formales para ser sacerdote en la aldea de Glarus. Pero aun allí continuó sus estudios humanistas, y llegó a dominar el griego. En esto era excepcional, pues sabemos por otros testigos que había muchísimos sacerdotes ignorantes, y hasta se nos dice que eran pocos los que habían leído todo el Nuevo Testamento.

En 1512 y 1515, Zwinglio acompañó a contingentes de mercenarios procedentes de su distrito, en campañas en Italia. La primera expedición resultó victoriosa, y el joven sacerdote vio a sus compatriotas entregados al saqueo. El resultado de la segunda fue totalmente opuesto, y le dio a Zwinglio oportunidad de ver de cerca el impacto de la derrota sobre los vencidos. Todo aquello lo fue convenciendo de que uno de los grandes males de Suiza era que su juventud se veía constantemente envuelta en guerras que no eran de su incumbencia, y que el servicio mercenario destruía la fibra moral de la sociedad.

Tras pasar diez años en Glarus, Zwinglio fue nombrado cura de una abadía que era centro de peregrinaciones, y allí su predicación contra la idea de que tales ejercicios procuraban la salvación atrajo la atención de muchos.

Cuando por fin llegó a ser cura en la ciudad de Zurich, Zwinglio había llegado a ideas reformadoras muy parecidas a las de Lutero. Pero su ruta hacia esas ideas no había sido el tormento espiritual del reformador alemán, sino más bien el estudio de las Escrituras utilizando los métodos humanistas, y la indignación ante las supersticiones del pueblo, la explotación de que era objeto por parte de algunos eclesiásticos, y el servicio militar mercenario.

Pronto la autoridad de Zwinglio en Zurich fue grande. Cuando alguien llegó vendiendo indulgencias, el cura reformador logró que el gobierno lo expulsara. Cuando Francisco I le pidió a la Confederación Suiza soldados para sus guerras contra Carlos V, todos los demás cantones accedieron, pero Zurich se negó, siguiendo el consejo de su predicador. Poco después los legados del Papa, que era aliado de Francisco, prevalecieron sobre el gobierno de Zurich, mostrando que existían tratados que lo obligaban a proporcionarle soldados al papa. Esto hizo que a partir de entonces buena parte de los ataques de Zwinglio, antes dirigidos de manera impersonal contra las supersticiones, se volvieran más directamente contra el papa. Era la época en que Lutero estaba causando gran revuelo en Alemania, al enfrentarse al Emperador en Worms. Ahora los enemigos de Zwinglio empezaron a decir que sus doctrinas eran las mismas del alemán. Más tarde el propio Zwinglio diría que, aun antes de haber conocido las doctrinas de Lutero, había llegado a conclusiones semejantes a base de sus estudios de la Biblia. Luego, no se trata aquí de un resultado directo de la obra de Lutero, sino de una reforma paralela a la de Alemania, que pronto comenzó a establecer contactos con ella, pero cuyo origen era independiente. En todo caso, en 1522 Zwinglio estaba listo a emprender su obra reformadora, y el Concejo de Gobierno de Zurich lo respaldaba.

La ruptura con Roma

Zurich estaba bajo la jurisdicción eclesiástica del episcopado de Constanza, que comenzó a dar señales de preocupación por lo que se estaba predicando en Zurich. Cuando Zwinglio predicó contra las leyes del ayuno y la abstinencia, y algunos miembros de su parroquia se reunieron para comer salchichas durante la cuaresma, el obispo sufragáneo de Constanza acusó al predicador ante el Concejo de Gobierno. Pero Zwinglio se defendió a base de las Escrituras, y se le permitió seguir predicando. Poco después Zwinglio empezó a criticar el celibato, diciendo que no era bíblico y que en todo caso quienes lo enseñaban no lo cumplían. El Papa, a la sazón Adriano VI, trató de calmar su celo haciéndole promesas tentadoras. Pero Zwinglio persistía en su posición, y logró que el Concejo convocara a un debate entre él y el vicario del obispo acerca de las doctrinas que Zwinglio predicaba.

Llegado el momento del debate, varios cientos de personas se reunieron para presenciarlo. Zwinglio propuso y defendió sus diversas tesis a base de las Escrituras. El vicario no respondió a sus tesis, sino que dijo que pronto se reuniría un concilio universal que decidiría acerca de las cuestiones que se debatían.

Cuando se le pidió que tratase de probar que Zwinglio estaba equivocado, se negó a hacerlo. En consecuencia, el Concejo declaró que, puesto que nadie había aparecido para refutar las doctrinas de Zwinglio, éste podía seguir predicando libremente. Esa decisión por parte del Concejo marcó la ruptura de Zurich con el episcopado de Constanza, y por tanto con Roma.

A partir de entonces, Zwinglio, con el apoyo del Concejo, fue llevando a cabo su reforma, que consistía en una restauración de la fe y las prácticas bíblicas. En cuanto a lo que esto quería decir, Zwinglio difería de Lutero, pues mientras el alemán creía que debían retenerse todos los usos tradicionales, excepto aquellos que contradijesen a la Biblia, el suizo sostenía que todo lo que no se encontrase explícitamente en las Escrituras debía ser rechazado. Esto lo llevó, por ejemplo,

Ulrico Zwinglio.

a suprimir el uso de órganos en las iglesias, pues se trataba de un instrumento que no aparecía en la Biblia.

Bajo la direccion de Zwinglio, hubo rápidos cambios en Zurich. Se empezó a ofrecer la comunión en ambas especies. Muchos sacerdotes, monjes y monjas se casaron. Se estableció un sistema de educación pública general, sin distinción de clases. Al mismo tiempo, predicadores y laicos procedentes de Zurich propagaban sus doctrinas por otros cantones suizos.

La Confederación Suiza, como su nombre lo indica, no era un estado centralizado, sino un complejo mosaico de diversos estados, cada uno con su propio gobierno y sus propias leyes, que se habían confederado con ciertos propósitos concretos, particularmente el de garantizar su independencia. Dentro de ese mosaico, pronto algunas regiones se volvieron protestantes, mientras otras continuaron en obediencia a Roma y su jerarquía. Esta divergencia religiosa se sumó a otras diferencias profundas, y la guerra civil llegó a parecer inevitable.

Los cantones catolicos empezaron a dar pasos hacia una alianza con Carlos V, y Zwinglio les aconsejó a los protestantes que atacaran a los católicos antes que fueran demasiado fuertes. Pero las autoridades no estaban dispuestas a ser las primeras en acudir a las armas. Cuando por fin Zurich se decidió a atacar, los demás cantones protestantes no estuvieron de acuerdo. Por fin, contra el consejo de Zwinglio, se tomaron medidas económicas contra los cantones católicos, a quienes acusaban de haber traicionado a la Confederación al aliarse con Carlos V, y a través de él con la odiada casa de los Habsburgo.

En octubre de 1531 los cinco cantones católicos reunieron sus ejércitos y atacaron a Zurich por sorpresa. Los defensores apenas tuvieron tiempo de prepararse para el combate, pues no supieron que se les atacaba hasta que vieron los pendones del enemigo en el horizonte. Zwinglio salió con los primeros soldados, dispuesto a ofrecer resistencia mientras el grueso del ejército se preparaba para la defensa. Allí, en Cappel, los cantones católicos derrotaron a Zurich, y Zwinglio murió en el combate.

Poco más de un mes más tarde se firmaba la paz de Cappel, por la que los protestantes se comprometían a pagar los gastos de la reciente campaña, pero se le permitía a cada cantón decidir cuál sería su propia fe. A partir de entonces, el protestantismo quedó establecido en varios cantones suizos, y el catolicismo en otros.

La teología de Zwinglio

No podemos detenernos aquí a exponer detalladamente la teología del reformador suizo, que en todo caso coincidía en muchos puntos con la de Lutero. Por tanto, nos limitaremos a señalar los principales puntos de contraste entre ambos reformadores.

La principal diferencia entre ambos reformadores se relaciona con el camino que cada uno de ellos siguió para llegar a sus doctrinas. Mientras Lutero fue el alma atormentada que por fin encontró solaz en el mensaje bíblico de la justificación por la fe, Zwinglio fue más bien el erudito humanista, que se dedicó a estudiar las Escrituras porque ellas eran la fuente de la fe cristiana, y parte del movimiento humanista consistía precisamente en regresar a las fuentes de la antigüedad. Esto a su vez quiere decir que la teología de Zwinglio es más racionalista que la de Lutero.

Un buen ejemplo de esto es el modo en que los dos reformadores discuten la doctrina de la predestinación. Ambos creían en la predestinación tanto porque era necesaria para afirmar la justificación absolutamente gratuita, como porque se encuentra en las epístolas paulinas. Pero mientras para Lutero la predestinación era el resultado y la expresión de su experiencia de sentirse impotente ante su propio pecado, y verse por tanto obligado a declarar que su salvación no era obra suya, sino de Dios, para Zwinglio la predestinación es algo que se deduce racionalmente del carácter de Dios. Para el reformador de Zurich, la mejor prueba de la predestinación es que, si Dios es omnipotente y omnisciente, ha de saberlo todo y determinarlo todo de antemano. Lutero no emplearía tales argumentos, sino que se contentaría con decir que la predestinación es necesaria debido a la impotencia del ser humano para librarse de su propio pecado. Los argumentos al estilo de los de Zwinglio le hubieran parecido producto de la "cochina razón", y no de la revelación bíblica ni de la experiencia del evangelio.

También en cuanto al alcance de los cambios que debían operarse en la iglesia, los dos reformadores diferían. Como hemos dicho anteriormente, Lutero creía que bastaba con deshacerse de todo lo que contradijera las Escrituras, mientras Zwinglio insistía en la necesidad de retener solamente lo que se encontrara explícitamente en la Biblia. Una vez más, lo que le preocupaba a Lutero no eran las formas externas de la religión, sino la proclamación del evangelio verdadero. Zwinglio creía que el retorno a las fuentes debía ser el principio guiador de la Reforma, y parte de ese retorno consistía en deshacerse de todas las innovaciones que hubieran sido hechas con el correr de los siglos, por insignificantes que fueran.

El racionalismo de Zwinglio se mezclaba con ciertos elementos procedentes del neoplatonicismo, que se habían introducido en el cristianismo siglos antes, con Justino Mártir, Orígenes, Agustín y otros. El más notable de estos elementos es la tendencia a menospreciar la creación material, y a establecer un agudo contraste entre ella y las realidades espirituales. Esta era una de las razones por las que Zwinglio insistía en un culto sencillo, que no llevara al creyente hacia lo material mediante un uso exagerado de los sentidos. Lutero, por su parte, afirmaba la doctrina bíblica de la creación como buena, y por tanto trataba de no exagerar el contraste entre lo material y lo espiritual. Para él, lo material no era un obstáculo, sino una ayuda, a la vida espiritual.

Las consecuencias de esto se vieron claramente en el modo en que los dos reformadores entendían los sacramentos, particularmente la eucaristía. Mientras Lutero creía que al realizarse la acción externa por el ser humano tenía lugar una acción interna y divina, Zwinglio no estaba dispuesto a concederles tal eficacia a los sacramentos, pues ello limitaría la libertad del Espíritu. Para Zwinglio, los elementos materiales, y la acción física que los acompaña, no pueden ser más que símbolos o señales de la realidad espiritual. Según él, cuando Jesús dijo: "esto es mi cuerpo", lo que quería decir era "esto significa mi cuerpo".

Para ambos reformadores sus doctrinas eucarísticas eran importantes, pues se relacionaban estrechamente con el resto de su teología. Por ello, cuando las circunstancias políticas hicieron que el landgrave Felipe de Hesse tratara de unir a los reformadores alemanes con los suizos, la cuestión de la presencia de Cristo en la comunión resultó ser el obstáculo insalvable. Esto tuvo lugar en 1529, cuando a instancias de Felipe se reunieron en Marburgo los principales jefes del movimiento reformador: Lutero y Melanchthon de Wittenberg, Bucero de Estrasburgo, Ecolampadio de Basilea, y Zwinglio de Zurich. En todos los puntos principales parecían estar de acuerdo, excepto en el que se refería al sentido y la eficacia de la comunión. Y aun en este punto pudo quizá haberse llegado a un entendimiento, de no ser porque Melanchthon le recordó a Lutero que la doctrina que Zwinglio proponía separaría aún más a los luteranos de los católicos alemanes, a quienes Lutero y sus compañeros todavía esperaban ganar para su causa. Algún tiempo después, cuando la ruptura con los católicos resultó irreversible, el propio Melanchthon llegó a un acuerdo con los reformadores suizos y de Estrasburgo.

En todo caso, no cabe duda de que la frase que se le atribuye a Lutero en el coloquio de Marburgo, "no somos del mismo espíritu", reflejaba adecuadamente la situación. La diferencia entre los dos reformadores con respecto a la comunión no era cuestión de un detalle sin importancia, sino que tenía que ver con el modo en que los dos veían la relación entre la materia y el espíritu, y por tanto también con el modo en que entendían la revelación divina.

VI
El movimiento anabaptista

*Ahora todos quieren salvarse mediante
una fe superficial, sin los frutos
de la fe, sin el bautismo de la
prueba y la tribulación, sin amor
ni esperanza, y sin prácticas
verdaderamente cristianas.*

Conrado Grebel

Tanto Lutero como Zwinglio se quejaban de que a través de
los siglos el cristianismo había dejado de ser lo que había sido
en tiempos del Nuevo Testamento. Lutero deseaba librarlo de
todo lo que contradijera las Escrituras. Zwinglio iba más lejos, y
sostenía que sólo ha de practicarse o de creerse lo que se
encuentre en la Biblia. Pero pronto aparecieron otros que
señalaban que el propio Zwinglio no llevaba esas ideas a su
conclusión lógica.

Los primeros anabaptistas

Según esas personas, Zwinglio y Lutero olvidaban que en el
Nuevo Testamento hay un contraste marcado entre la iglesia y
la sociedad que la rodea. Ese contraste pronto resultó en persecución, porque la sociedad romana no podía tolerar al cristianismo primitivo. Luego, la avenencia entre la iglesia y el estado que
tuvo lugar a partir de la conversión de Constantino constituye
en sí misma un abandono del cristianismo primitivo. Por tanto,
la reforma iniciada por Lutero debía ir más lejos si verdadera-

mente quería ser obediente al mandato bíblico. La iglesia no debía confundirse con el resto de la sociedad. Y la diferencia fundamental entre ambas es que, mientras se pertenece a una sociedad por el mero hecho de nacer en ella, y sin hacer decisión alguna al respecto, para ser parte de la iglesia hay que hacer una decisión personal. La iglesia es una comunidad voluntaria, y no una sociedad dentro de la cual nacemos. La consecuencia inmediata de todo esto es que el bautismo de niños ha de ser rechazado. Ese bautismo da a entender que se es cristiano sencillamente por haber nacido en una sociedad supuestamente cristiana. Pero tal entendimiento oculta la verdadera naturaleza de la fe cristiana, que requiere decisión propia.

Además, estos reformadores más radicales sostenían que la fe cristiana era en su esencia misma pacifista. El Sermón del Monte ha de ser obedecido al pie de la letra, a pesar de las muchas objeciones sobre la imposibilidad de practicarlo, pues tales objeciones se deben a la falta de fe. Los cristianos no han de tomar las armas para defenderse a sí mismos, ni para defender su patria, aun cuando sea amenazada por los turcos. Como era de esperarse, tales doctrinas no fueron bien recibidas en Alemania, donde la amenaza de los turcos era constante, ni tampoco en Zurich y los demás cantones protestantes de Suiza, donde la fe protestante estaba en peligro de ser aplastada por los católicos.

Estas opiniones aparecieron en diversos lugares en el siglo XVI, al parecer sin que hubiera conexión directa entre sus diversos focos. Pero fue en Zurich donde primero surgieron a la luz. Había allí un grupo de creyentes, asiduos lectores de la Biblia, y varios de ellos ilustrados, que instaban a Zwinglio a tomar medidas más radicales de reforma. En particular, estas personas, que se daban el nombre de "hermanos", sostenían que se debía fundar una congregación o grupo de los verdaderos creyentes, en contraste con quienes se decían cristianos por el hecho de haber nacido en un país cristiano y haber sido bautizados de niños.

Cuando por fin resultó evidente que Zwinglio no seguiría el camino que ellos propugnaban, algunos de los "hermanos" decidieron fundar ellos mismos esa comunidad de verdaderos creyentes. En señal de ello, el exsacerdote Jorge Blaurock le pidió a otro de los hermanos, Conrado Grebel, que lo bautizara. El 21 de enero de 1525, junto a la fuente que se encontraba en medio de la plaza de Zurich, Grebel bautizó a Blaurock, quien acto seguido hizo lo mismo con otros hermanos. Aquel primer bautizo no fue todavía por inmersión, pues lo que preocupaba a Blaurock, Grebel y los demás no era la forma en que se administraba el rito, sino la necesidad de que la persona tuviera fe y la confesara antes de ser bautizada. Más tarde, en sus esfuerzos por ser bíblicos en todas sus prácticas, empezaron a bautizar por inmersión.

Pronto se les dio a estas personas el nombre de "anabaptistas", que quiere decir "rebautizadores". Naturalmente, ese nombre no era del todo exacto, porque lo que los supuestos rebautizadores decían no era que fuese necesario bautizarse de nuevo, sino que el primer bautismo no era válido, y que por tanto el que se recibía después de confesar la fe era el primero y único. Pero en todo caso la historia los conoce como "anabaptistas", y ése es el nombre que les daremos aquí a fin de evitar confusiones.

El movimiento anabaptista pronto atrajo gran oposición, tanto por parte de los católicos como de los reformadores. Aunque esa oposición se expresaba comúnmente en términos teológicos, el hecho es que los anabaptistas fueron perseguidos porque se les consideraba subversivos. A pesar de todas sus reformas, Lutero y Zwinglio continuaron aceptando los términos fundamentales de la relación entre el cristianismo y la sociedad que se habían desarrollado a partir de Constantino. Ni el uno ni el otro interpretaban el evangelio de tal modo que fuera un reto radical al orden social. Y eso fue, aun sin quererlo, lo que hicieron los anabaptistas. Su pacifismo extremo les resultaba intolerable a los encargados de mantener el orden social y político, particularmente en una época de gran incertidumbre, como fue el siglo XVI.

Además, al insistir en el contraste entre la iglesia y la sociedad natural, los anabaptistas estaban implicando que las estructuras de poder en esa sociedad no han de transferirse a la iglesia. Aun contra los propósitos iniciales de Lutero, el luteranismo se veía ahora sostenido por los príncipes que lo habían abrazado, quienes gozaban de gran autoridad, no solamente en los asuntos políticos, sino también en los eclesiásticos. En la Zurich de Zwinglio, el Concejo de Gobierno era quien en fin de cuentas dictaba la política religiosa. Y lo mismo era cierto en los territorios católicos donde se conservaba la tradición medieval. Aunque esto no quiere decir que la iglesia y el estado concordaran en todos los puntos, sí había al menos un cuerpo de presuposiciones comunes, y era dentro de ese contexto que se producían los conflictos entre las autoridades civiles y las eclesiásticas. Pero los anabaptistas echaban todo esto por tierra al insistir en una iglesia de carácter voluntario, distinta de la sociedad civil.

Además, muchos de los anabaptistas eran igualitarios. Muchos se trataban entre sí de "hermanos". En la mayoría de sus grupos las mujeres tenían tantos derechos como los hombres. Al menos en teoría, los pobres y los ignorantes eran tan importantes como los ricos y los sabios.

Todo esto resultaba ser altamente subversivo en la Europa del siglo XVI, y por tanto pronto se comenzó a perseguir a los anabaptistas. En 1525 los cantones católicos de Suiza empezaron a condenar a los anabaptistas a la pena capital. Al año siguiente el Concejo de Gobierno de Zurich decretó también la pena de muerte para quien rebautizara o se hiciera rebautizar. A los pocos meses todos los demás territorios protestantes de Suiza siguieron el ejemplo de Zurich. En Alemania no existía una política uniforme, pues se aplicaban a los anabaptistas las viejas leyes contra los herejes, y cada estado seguía el curso que le parecía. En 1528 Carlos V decretó la pena de muerte para los anabaptistas, apelando a una vieja ley romana, creada para extirpar el donatismo, según la cual quien se hiciera culpable de rebautizar o de rebautizarse debía ser condenado a muerte. La dieta de Spira de 1529, la misma en que los príncipes luteranos protestaron y recibieron por ello el nombre de "protestantes", aprobó el decreto imperial contra los anabaptistas. Y esta vez nadie protestó. El único príncipe alemán que, sin protestar formalmente, se negó por razones de conciencia a aplicar el decreto imperial en sus territorios fue el landgrave Felipe de Hesse.

En algunos lugares, como en la Sajonia electoral en que vivía

Lutero, se acusó a los anabaptistas tanto de herejes como de sediciosos. Puesto que lo primero era un crimen religioso, y lo segundo civil, tanto las cortes eclesiásticas como las civiles tenían jurisdicción para castigar a quien se atreviera a repetir el bautismo, y a quien se negara a presentar a sus hijos pequeños para que lo recibieran.

El número de los mártires fue enorme, probablemente mayor que el de todos los que murieron durante los tres primeros siglos de la historia de la iglesia. El modo en que se les aplicaba la pena de muerte variaba de lugar a lugar, y hasta de caso en caso. Con cruel ironía, en algunos lugares se condenaba a los anabaptistas a morir ahogados. Otras veces eran quemados vivos, siguiendo la costumbre establecida siglos antes. Pero no faltaron casos en los que fueron muertos en medio de torturas increíbles, como la de ser descuartizados en vida. Las historias de heroísmo en tales circunstancias llenarían volúmenes. Y tal parecía que, mientras más se le perseguía, más crecía el movimiento.

Con cruel ironía, en algunos lugares se condenaba a los anabaptistas a morir ahogados.

Los anabaptistas revolucionarios

Aunque muchos de los primeros jefes del movimiento eran eruditos, y casi todos ellos eran pacifistas, pronto aquella primera generación pereció víctima de la persecución. El movimiento se fue haciendo entonces cada vez más radical, y se mezcló con el resentimiento popular que había dado lugar a la rebelión de los campesinos. Poco a poco, el pacifismo original se fue olvidando, y el movimiento tomó un giro violento.

Aun antes de que surgiera el movimiento anabaptista, Tomás Müntzer había unido algunas de las doctrinas que ese movimiento después promulgaría con las ansias de justicia por parte de los campesinos. Ahora muchos anabaptistas hicieron lo mismo. Entre ellos se contaba Melchor Hoffman, un talabartero que había sido predicador laico luterano en Dinamarca, pero que más tarde había rechazado las teorías de Lutero acerca de la comunión, para hacerse seguidor de Zwinglio. En Estrasburgo, donde el anabaptismo era relativamente fuerte, y donde había cierta medida de tolerancia, Hoffman se hizo anabaptista. Poco después empezó a anunciar que el día del Señor estaba cercano. Su predicación inflamó a las multitudes, que acudieron a Estrasburgo, donde según él se establecería la Nueva Jerusalén. El propio Hoffman predijo que sería encarcelado por seis meses, y que entonces vendría el fin. Además, abandonó el pacifismo inicial de los anabaptistas, declarando que al aproximarse el fin sería necesario que los hijos de Dios tomaran las armas contra los hijos de las tinieblas. Cuando fue encarcelado, y se cumplió así la primera parte de su profecía, fueron muchos los que acudieron a Estrasburgo en espera de la señal de lo alto para tomar las armas. Pero el hecho mismo de que cada día eran más los anabaptistas que había en la ciudad obligó a las autoridades a tomar medidas cada vez más represivas. Y Hoffman continuaba encarcelado.

Entonces alguien dijo que en realidad la Nueva Jerusalén sería establecida, no en Estrasburgo, sino en Münster. En esa ciudad el equilibrio entre católicos y protestantes era tal que existía una tregua entre todos los partidos, y en consecuencia no se perseguía a los anabaptistas. Hacia allá acudieron los visionarios, y la gente cuya creciente opresión les había llevado a la desesperación. El reino vendría pronto. Vendría en

Münster. Y entonces los pobres recibirían la tierra por heredad. Pronto el número de los anabaptistas en Münster fue tal que lograron apoderarse de la ciudad. Sus jefes eran un panadero holandés, Juan Matthys, y su principal discípulo, Juan de Leiden. Una de sus primeras medidas fue echar a los católicos de la ciudad. El obispo, expulsado de su sede, reunió un ejército y sitió a la Nueva Jerusalén. Mientras tanto, dentro de la ciudad, se insistía cada vez más en que todo se ajustara a la Biblia. Los protestantes moderados fueron también echados por impíos. Constantemente se destruían las esculturas, pinturas y demás artefactos del culto tradicional. Fuera de la ciudad, el obispo mataba a cuanto anabaptista caía en sus manos. Los defensores se exaltaban más cuanto más desesperada se volvía su situación, pues escaseaban los víveres. A diario había quienes creían recibir visiones de lo alto. En una salida militar contra las fuerzas del obispo, Juan Matthys resultó muerto, y Juan de Leiden lo sucedió.

Debido a la guerra constante, y al éxodo de muchos varones, la población femenina de la ciudad era mucho mayor que la masculina, y Juan de Leiden decretó la poligamia, a la usanza de los patriarcas del Antiguo Testamento. Por ley, toda mujer en la ciudad tenía que estar casada con algún hombre. El sitio se prolongaba y, al mismo tiempo que los sitiados carecían de víveres, los fondos del obispo comenzaban a escasear. En una acción desesperada, Juan de Leiden salió con un puñado de hombres, y derrotó en una escaramuza a los soldados del obispo. Entonces, en celebración de aquella victoria, fue proclamado rey de la Nueva Jerusalén.

Empero poco después un grupo de habitantes de la Nueva Jerusalén, quizá hastiados de los excesos que se cometían, o quizá impulsados por el hambre y el miedo, le abrieron las puertas de la ciudad al obispo, cuyas tropas arrasaron a los defensores del reducto apocalíptico. El Rey de la Nueva Jerusalén fue hecho prisionero, y exhibido por toda la región, con sus dos principales lugartenientes, en sendas jaulas de hierro. Poco después fueron torturados y ejecutados.

Así terminó el principal brote del anabaptismo revolucionario. Melchor Hoffman continuó encarcelado y olvidado, al parecer hasta su muerte. Y hasta el día de hoy, en la iglesia de

San Lamberto, en Münster, pueden verse las tres jaulas en que fueron exhibidos el Rey y sus dos lugartenientes.

El anabaptismo posterior

La caída de Münster le puso fin al anabaptismo revolucionario. Pronto se comenzaron a escuchar las voces de quienes decían que la tragedia de Münster se debía a que se había abandonado el pacifismo original, que era parte de la verdadera fe. Al igual que los primeros anabaptistas, estos nuevos jefes creían que la razón por la que los cristianos no están dispuestos a cumplir los preceptos del Sermón del Monte no es que no sean factibles, sino que es más bien la falta de fe. Quien de veras tiene fe, practica el amor que Jesús enseñó, y deja las consecuencias de ello en manos de Dios.

El más notable portavoz de esta nueva generación fue Menno Simons, un sacerdote católico holandés que abrazó el anabaptismo en 1536, es decir, el mismo año en que fueron ejecutados Juan de Leiden y sus compañeros. Simons se unió a un grupo de anabaptistas holandeses cuyo jefe era Obbe Philips, pero pronto descolló entre ellos de tal manera que el grupo recibió el nombre de "menonitas".

Aunque los menonitas sufrieron las mismas persecuciones de que eran objeto los demás anabaptistas, Menno Simons logró sobrevivir, y pasó el resto de su vida viajando por Holanda y el norte de Alemania, y predicando su fe. Para él, el pacifismo era parte fundamental de la fe cristiana, y por tanto repudiaba toda relación con el ala revolucionaria del anabaptismo. Los cristianos, según creía Menno Simons, no han de prestar juramento alguno, y por tanto no han de ocupar cargos públicos que requieran tales juramentos. Pero sí han de obedecer a las autoridades civiles en todo, excepto en lo que las Escrituras prohiban. El bautismo, que Menno practicaba echando agua sobre la cabeza, sólo ha de serles administrado a los adultos que confiesen su fe. Ni ese rito ni la comunión confieren gracia alguna, sino que son señales externas de lo que sucede internamente entre el cristiano y Dios. Además, siguiendo el ejemplo de Jesús, Menno y los suyos practicaban el lavado mutuo de los pies.

Menno Simons abrazó el anabaptismo en 1536, y pronto llegó a ser uno de sus jefes más distinguidos.

Aunque se abstenían de participar activamente en cualquier acto de subversión, los menonitas pronto fueron considerados subversivos por muchos gobiernos, pues se negaban a participar de la vida común de la sociedad, particularmente en lo que a portar armas se refería. Esto a su vez los hizo esparcirse por toda Europa. Muchos emigraron hacia Europa oriental, particularmente hacia Rusia. Otros marcharon hacia Norteamérica, donde la tolerancia religiosa les prometía poder vivir en paz. Pero también en Rusia y en Norteamérica tuvieron dificultades, pues en ambos casos el estado quería que se ajustaran a sus leyes sujetándose al servicio militar obligatorio. Por esa causa, en los siglos XIX y XX fuertes contingentes emigraron hacia Sudamérica, donde todavía había territorios donde podían vivir en aislamiento relativo del resto de la sociedad.

Hasta el día de hoy, los menonitas son la principal rama del viejo movimiento anabaptista del siglo XVI, y continúan insistiendo en su pacifismo, y dedicándose frecuentemente al servicio social.

VII
Juan Calvino

*Cuidemos de que nuestras palabras
y pensamientos no vayan más allá
de lo que la Palabra de Dios nos
dice. [...] Dejémosle a Dios su propio conocimiento, [...] y concibámos-
lo tal como El se nos da a conocer,
sin tratar de descubrir algo acerca
de su naturaleza aparte de su
Palabra.*

Juan Calvino

Sin lugar a dudas, el más importante sistematizador de la teología protestante en el siglo XVI fue Juan Calvino. Mientras
Lutero fue el espíritu fogoso y propulsor del nuevo movimiento, Calvino fue el pensador cuidadoso que forjó de las diversas
doctrinas protestantes un todo coherente. Además, para Lutero
su búsqueda tormentosa de la salvación y su descubrimiento de
la justificación por la fe fueron tales que siempre dominaron
toda su teología. Calvino, como hombre de la segunda generación, no permitió que la doctrina de la justificación eclipsara
el resto de la teología cristiana, y por ello les prestó mayor
atención a varios aspectos del cristianismo que habían quedado
postergados en Lutero: en particular, a la doctrina de la santifi-
cación.

La formación de Calvino

Calvino nació en la pequeña ciudad de Noyon, en Francia, el

El más importante sistematizador de la teología protestante en el siglo XVI fue Juan Calvino.

10 de julio de 1509, cuando Lutero había ya dictado sus primeras conferencias en la universidad de Wittenberg. Su padre pertenecía a la clase media de la ciudad, y trabajaba principalmente como secretario del obispo y procurador del capítulo de

la catedral. Haciendo uso de tales conexiones, le procuró a su hijo Juan dos beneficios eclesiásticos con los cuales costearse los estudios.

Con esos recursos, el joven Calvino fue a estudiar a París, donde conoció tanto el humanismo como la reacción conservadora que se le oponía. La discusión teológica que tenía lugar en esos días lo llevó a conocer las doctrinas de Wyclif, Huss y Lutero. Pero, según él mismo dice: "estaba obstinadamente atado a las supersticiones del papado". En 1528 completó sus estudios en París, al obtener el grado de Maestro en Artes, y decidió dedicarse a la jurisprudencia. Con ese propósito, continuó sus estudios en Orleans y en Bourges, bajo dos de los más célebres juristas de la época, Pierre de l'Estoile y Andrea Alciati. El primero seguía los métodos tradicionales en el estudio e interpretación de las leyes, mientras que el segundo era un humanista elegante y quizá algo fatuo. Cuando hubo un debate entre ambos, Calvino intervino a favor del primero. Esto es importante porque indica que, aun en esos tiempos en que comenzaba a dejarse cautivar por el espíritu humanista, Calvino no sentía simpatías hacia la elegancia vacua que frecuentemente se posesionaba de algunos de los más famosos humanistas.

Pero a pesar de su conflicto con Alciati, Calvino estaba decidido a seguir el camino de los humanistas. Pronto se unió a un pequeño círculo de estudiosos y admiradores de Erasmo, y se dedicó a los estudios humanistas. Luego, aunque recibió su licencia para practicar la abogacía en 1530, su principal ocupación durante los próximos dos años parece haber sido la preparación de un comentario acerca de la obra de Séneca, *De clementia*. Este comentario, publicado en 1532, fue relativamente bien recibido, aunque no colocó a su autor en el número de los más ilustres humanistas.

La conversión

No se sabe a ciencia cierta qué llevó a Calvino a abandonar la fe romana, ni la fecha exacta en que lo hizo. A diferencia de Lutero, Calvino nos dice poco acerca del estado interior de su alma. Pero lo más probable parece ser que en medio del círculo de humanistas en que se movía, y a través de sus estudios de las

Escrituras y de la antigüedad cristiana, Calvino llegó a la convicción de que tenía que abandonar la comunión romana, y seguir el camino de los protestantes.

En 1534 se presentó en su ciudad natal de Noyon, y renunció a los beneficios eclesiásticos que su padre le había procurado, y que eran su principal fuente de sostén económico. Si ya en ese momento estaba decidido a abandonar la iglesia romana, o si ese gesto fue sencillamente un paso más en su peregrinación espiritual, nos es imposible saberlo. El hecho es que en octubre de 1534 Francisco I, hasta entonces relativamente tolerante para con los protestantes, cambió su política, y en enero del año siguiente Calvino se exiliaba en la ciudad protestante de Basilea.

La *Institución de la religión cristiana*

Calvino se sentía llamado a dedicarse al estudio y las labores literarias. Su propósito no era en modo alguno llegar a ser uno de los jefes de la Reforma, sino más bien encontrar un lugar tranquilo donde estudiar las Escrituras y escribir acerca de la nueva fe. Poco antes de llegar a Basilea, había escrito un breve tratado acerca del estado de las almas de los muertos antes de la resurrección. Según él concebía su propia vocación, su tarea consistiría en escribir otros tratados como ése, que sirvieran para aclarar la fe de la iglesia en una época de tanta confusión.

Por lo pronto su principal proyecto era un breve resumen de la fe cristiana desde el punto de vista protestante. Hasta entonces, casi toda la literatura protestante, llevada por la urgencia de la polémica, había tratado exclusivamente acerca de los puntos en discusión, y había dicho poco acerca de las otras doctrinas fundamentales del cristianismo, tales como la Trinidad, la encarnación, etc. Lo que Calvino se proponía entonces era llenar ese vacío con un breve manual al que le dio el título de *Institución de la religión cristiana*.

La primera edición de la *Institución cristiana* apareció en Basilea en 1536. Era un libro de 516 páginas, pero de formato pequeño, de modo que cupiera fácilmente en los amplios bolsillos que se usaban entonces, y pudiera por tanto circular disimuladamente en Francia. Constaba de sólo seis capítulos. Los primeros cuatro trataban acerca de la ley, el Credo, el

Padrenuestro y los sacramentos. Los dos últimos, de tono más polémico, resumían la posición protestante con respecto a los "falsos sacramentos" romanos, y a la libertad cristiana.

El éxito de esta obra fue inmediato y sorprendente. En nueve meses se agotó la edición que, por estar en latín, resultaba accesible a lectores de diversas nacionalidades.

A partir de entonces Calvino continuó preparando ediciones sucesivas de la *Institución,* que fue creciendo según iban pasando los años. Las diversas polémicas de la época, las opiniones de varios grupos que Calvino consideraba errados, y las necesidades prácticas de la iglesia, fueron contribuyendo al crecimiento de la obra, de tal modo que para seguir el curso del desarrollo teológico de Calvino, y de las polémicas en que se vio envuelto, bastaría comparar las ediciones sucesivas de la *Institución.* Puesto que no podemos hacer tal cosa aquí, nos limitaremos a hacer constar las fechas e idiomas de las diversas ediciones aparecidas en vida de Calvino, para terminar con un breve resumen de la última.

Tras la edición de 1536, en latín, apareció en Estrasburgo la de 1539, en el mismo idioma. En 1541 Calvino publicó en Ginebra la primera edición francesa, que es una obra maestra de la literatura en ese idioma. A partir de entonces, las ediciones aparecieron en pares, una latina seguida de su versión francesa, como sigue: 1543 y 1545, 1550 y 1551, 1559 y 1560. Puesto que las ediciones latina y francesa de 1559 y 1560 fueron las últimas producidas en vida de Calvino, son ellas las que nos dan el texto definitivo de la *Institución.*

Ese texto definitivo dista mucho de ser el pequeño manual de doctrina que Calvino había tenido en mente al publicar su primera edición, pues los seis capítulos de 1536 se han vuelto cuatro libros con un total de ochenta capítulos. El primer libro trata acerca de Dios y su revelación, así como de la creación y de la naturaleza del ser humano, pero sin incluir la caída y la salvación. El segundo libro trata acerca de Dios como redentor, y del modo en que se nos da a conocer, primero en el Antiguo Testamento, y después en Jesucristo. El tercero trata acerca de cómo, por el Espíritu, podemos participar de la gracia de Jesucristo, y de los frutos que ello produce. Por último, el cuarto trata de "los medios externos" para esa participación, es decir, de la iglesia y los sacramentos. En toda la obra se manifiesta un conocimiento profundo, no sólo de las Escrituras, sino también de los antiguos escritores cristianos, particularmente San Agustín, y de las controversias teológicas del siglo XVI. Sin lugar a dudas, ésta fue la obra cumbre de la teología sistemática protestante en todo ese siglo.

El reformador de Ginebra

Calvino no tenía la menor intención de dedicarse a la vida activa de sus muchos correligionarios que en diversas partes llevaban a cabo la obra reformadora. Aunque sentía hacia ellos profundo respeto y admiración, estaba convencido de que sus dones no eran los del pastor ni los del adalid, sino más bien los del estudioso y el escritor. Tras una breve visita a Ferrara, y otra a Francia, decidió establecer su domicilio en Estrasburgo, donde la causa reformadora había triunfado, y donde había una gran actividad teológica y literaria que le parecía ofrecer un ambiente propicio para sus labores.

Empero el camino más directo hacia Estrasburgo estaba cerrado por razones de una guerra, y Calvino tuvo que desviarse y pasar por Ginebra. La situación en esa ciudad era confusa. Algún tiempo antes, la ciudad protestante de Berna había enviado misioneros a Ginebra, y éstos habían logrado obtener el apoyo de un pequeño núcleo de laicos instruidos que ansiaban la reforma de la iglesia, y de un fuerte contingente de burgueses cuyo principal deseo parece haber sido lograr ciertas ventajas y libertades que no tenían bajo el régimen católico. El clero, por lo general de escasa instrucción y menos convicción, sencillamente había seguido las órdenes del gobierno de Ginebra cuando éste decidió abolir la misa y optar por el protestantismo. Esto había sucedido unos pocos meses antes de la llegada de Calvino a Ginebra, y por tanto los misioneros procedentes de Berna, cuyo jefe era Guillermo Farel, se encontraban al frente de la vida religiosa de toda la ciudad, y carentes del personal necesario.

Calvino llegó a Ginebra con la intención de pasar allí no más de un día, y proseguir su camino hacia Estrasburgo. Pero alguien le avisó a Farel que el autor de la *Institución* se encontraba en la ciudad, y se produjo así una entrevista inolvidable que el propio Calvino nos cuenta.

Farel, que "ardía con un maravilloso celo por el avance del evangelio", le presentó a Calvino varias razones por las que se precisaba su presencia en Ginebra. Calvino escuchó atentamente a su interlocutor, unos quince años mayor que él, pero se negó a acceder a su ruego, diciéndole que tenía proyectados ciertos estudios, y que no le sería posible llevarlos a cabo en la situación que Farel describía. Cuando este último hubo agotado todos sus argumentos, sin lograr convencer al joven teólogo, apeló al Señor de ambos, e increpó al teólogo con voz estentórea: "Dios maldiga tu descanso, y la tranquilidad que buscas para estudiar, si ante una necesidad tan grande te retiras, y te niegas a prestar socorro y ayuda".

Ante tal imprecación, nos cuenta Calvino: "esas palabras me espantaron y quebrantaron, y desistí del viaje que había

" ¡Dios maldiga tu descanso, y la tranquilidad que buscas para estudiar!"

emprendido". Y así comenzó la carrera de Juan Calvino como reformador de Ginebra.

Aunque al principio Calvino accedió sencillamente a permanecer en la ciudad, y a colaborar con Farel, pronto su habilidad teológica, su conocimiento de la jurisprudencia y su celo reformador hicieron de él el personaje central en la vida religiosa de la ciudad, mientras Farel gustosamente se convertía en su colaborador. Empero no todos estaban dispuestos a seguir el camino de reforma que Calvino y Farel habían trazado. En cuanto comenzaron a exigir que se siguieran verdaderamente los principios protestantes, muchos de los burgueses que habían apoyado la ruptura con Roma comenzaron a ofrecerles resistencia, al tiempo que hacían llegar a otras ciudades protestantes en Suiza rumores acerca de los supuestos errores de los reformadores ginebrinos. El conflicto se produjo por fin en torno al asunto del derecho de excomunión. Calvino insistía en que, para que la vida religiosa se conformara verdaderamente a los principios reformadores, era necesario excomulgar a los pecadores impenitentes. Ante lo que parecía ser un rigorismo excesivo, el gobierno de la ciudad se negó a seguir los consejos de Calvino. A la postre, el conflicto fue tal que Calvino fue desterrado. El fiel Farel, que pudo haber permanecido en la ciudad, escogió el exilio antes que servir de instrumento a los burgueses que querían una religión con toda clase de libertades y pocas obligaciones.

Calvino vio en todo esto una puerta que el cielo le abría para continuar la vida de estudio y retiro que había proyectado, y se dirigió a Estrasburgo. Pero en esa ciudad el jefe del movimiento reformador, Martín Bucero, tampoco lo dejó en paz. Había allí un fuerte contingente de franceses, exiliados por motivos religiosos, carentes de dirección pastoral, y Bucero hizo que Calvino quedara a cargo de ellos. Fue entonces cuando nuestro teólogo produjo una liturgia francesa, y tradujo varios salmos y otros himnos, para que los cantaran los franceses exiliados. Además produjo la segunda edición de la *Institución*, y contrajo matrimonio con la viuda Idelette de Bure, con quien fue muy feliz hasta que la muerte la llevó en 1549.

Los tres años que Calvino pasó en Estrasburgo fueron probablemente los más felices y tranquilos de su vida. Pero a

Farel acompañó a Calvino al exilio.

pesar de ello siempre se dolía de no haber podido continuar la obra reformadora en Ginebra, por cuya iglesia sentía un gran amor y responsabilidad. Por tanto, cuando las circunstancias cambiaron en la ciudad suiza, y el gobierno lo invitó a regresar, Calvino no vaciló, y una vez más quedó a cargo de la obra reformadora en Ginebra.

Fue a mediados de 1541 cuando Calvino regresó a Ginebra. Una de sus primeras acciones fue redactar las *Ordenanzas eclesiásticas*, que fueron aprobadas pocos meses después por el gobierno de la ciudad, aunque con algunas enmiendas. Según se estipulaba en ellas, el gobierno de la iglesia quedaba principalmente en manos del Consistorio, que estaba formado por los pastores y por doce laicos que recibían el nombre de "ancianos". Puesto que los pastores eran cinco, los laicos eran la mayoría del Consistorio. Pero a pesar de ello el impacto personal de Calvino era tal que casi siempre ese cuerpo siguió sus deseos.

Durante los próximos doce años, hubo conflictos repetidos entre el Consistorio y el gobierno de la ciudad, pues el cuerpo eclesiástico, siguiendo la inspiración de Calvino, trataba de regular las costumbres con una severidad que no siempre era del agrado del gobierno. En 1553 la oposición había vuelto a ganar las elecciones, y la situación política de Calvino era precaria. Fue entonces cuando comenzó el famoso proceso de Miguel Serveto. Este era un médico español, autor de varios libros de teología, que estaba convencido de que la unión de la iglesia con el estado a partir de Constantino había constituido una gran apostasía, y que el Concilio de Nicea, al promulgar la doctrina trinitaria, había ofendido a Dios. Serveto acababa de escapar de las cárceles de la inquisición católica en Francia, donde se le seguía proceso de herejía, y se vio obligado a pasar por Ginebra, donde fue reconocido cuando fue a escuchar a Calvino predicar. Fue arrestado, y Calvino preparó una lista de treinta y ocho acusaciones contra él. Puesto que Serveto era un erudito, y además había sido acusado de herejía por los católicos, el partido que se oponía a Calvino en Ginebra adoptó su causa. Pero el gobierno de la ciudad les pidió consejo a los cantones protestantes de Suiza, y todos concordaron en que Serveto era hereje. Esto acalló a la oposición, y se resolvió condenar a Serveto a ser quemado vivo, aunque Calvino trató de que en lugar de ello se le decapitara, por ser una pena menos cruel.

La muerte de Serveto fue duramente criticada, principalmente por Sebastián Castellón, a quien Calvino había hecho expulsar de la ciudad por interpretar el Cantar de los Cantares como un poema de amor. A partir de entonces ese incidente se ha vuelto símbolo del dogmatismo rígido que reinaba en la Ginebra de Calvino. Y no cabe duda de que hay mucho de verdad en esto. Pero no se olvide que en la misma época, y en diversas partes de Europa, tanto católicos como protestantes estaban procediendo de manera semejante contra quienes consideraban herejes. El propio Serveto fue condenado a la hoguera por la inquisición francesa, que no pudo llevar a cabo su sentencia por la fuga del reo.

En todo caso, después de la ejecución de Serveto la autoridad de Calvino en Ginebra no tuvo rival, sobre todo por cuanto los teólogos de todos los demás cantones suizos protestantes le habían prestado su apoyo, al tiempo que sus opositores se habían visto en la difícil situación de defender a un hereje condenado tanto por los católicos como por los demás protestantes de Suiza.

En 1559 Calvino vio cumplirse uno de sus sueños, al ser fundada la Academia de Ginebra, bajo la dirección de Teodoro de Beza, quien después sucedería a Calvino como jefe religioso de la ciudad. En aquella academia se formó la juventud ginebrina según los principios calvinistas. Pero su principal impacto se debió a que en ella cursaron estudios superiores personas procedentes de varios otros países, que después llevaron el calvinismo a ellos.

Hacia el fin de sus días, Calvino preparó su testamento y se despidió de sus colaboradores. Farel, que se había dedicado a proseguir la obra reformadora en Neuchâtel, fue a ver a su amigo por última vez. Murió el 27 de mayo de 1564.

Calvino y el calvinismo

En vida de Calvino, la principal cuestión teológica que dividía a los protestantes (aparte, claro está, de los anabaptistas) era la de la presencia de Cristo en la comunión, que según hemos visto fue la principal causa de desavenencia entre Lutero y Zwinglio. En este punto, Calvino siguió el ejemplo de su amigo Bucero, el reformador de Estrasburgo, quien tomaba una posición intermedia entre Lutero y Zwinglio. Para Calvino, la presencia de Cristo en la comunión es real, pero espiritual. Esto quiere decir que no se trata de un mero símbolo, o de un ejercicio de devoción, sino que en la comunión hay una verdadera acción por parte de Dios en pro de la iglesia que participa de ella. Pero al mismo tiempo esto no quiere decir que el cuerpo de Cristo descienda del cielo, ni que esté presente en varios altares al mismo tiempo, como pretendía Lutero. Lo que sucede es más bien que en el acto de la comunión, por el poder del Espíritu Santo, los creyentes son llevados al cielo, y participan con Cristo de un anticipo del banquete celestial.

En 1536, Bucero, Lutero y otros llegaron a la *Concordia de Wittenberg*, un documento que lograba salvar las diferencias entre ambas posiciones. En 1549, Bucero, Calvino, los principales teólogos protestantes suizos, y varios otros del sur de Alemania, firmaron el *Consenso de Zurich*, otro documento semejante. Además, Lutero le había prestado buena acogida a la *Institución* de Calvino. Por tanto, las diferencias entre los diversos reformadores en lo que a la comunión se refería no parecían ser insalvables.

Empero los seguidores de los grandes maestros estaban dispuestos a mostrarse más estrictos que ellos. En 1552 el luterano Joaquín Westphal publicó un ataque contra Calvino, donde decía que el calvinismo se estaba introduciendo subrepticiamente en los territorios luteranos, y se declaraba campeón de la posición de Lutero con respecto a la comunión. Lutero había muerto, y Melanchthon se negó a atacar a Calvino, como lo deseaba Westphal. Pero el resultado de todo esto fue el distanciamiento cada vez mayor entre quienes seguían a Lutero y quienes aceptaban el *Consenso de Zurich*, que a partir de 1580 recibieron el nombre de "reformados".

Los principales maestros del calvinismo fueron, además del propio Calvino, su compañero Farel, su sucesor Beza, y Juan Knox, el reformador de Escocia. Su memoria se celebra en el monumento a la Reforma, en Ginebra. Foto de EMN.

Por tanto, durante este primer período la marca característica de los "calvinistas" o "reformados" no era su doctrina de la predestinación, sino su opinión con respecto a la comunión. Sólo más tarde, según veremos en otra parte de esta historia, la doctrina de la predestinación vino a ser la característica distintiva del calvinismo. En vida de Lutero y de Calvino no podía ser así, pues ambos reformadores afirmaban la predestinación. En todo caso, debido en parte a la Academia de Ginebra, y en parte a la *Institución de la religión cristiana,* la influencia de Calvino pronto se hizo sentir en diversas partes de Europa, y a la postre surgieron varias iglesias —en Holanda, Escocia, Hungría, Francia, etc.— que seguían las doctrinas del reformador de Ginebra, y que se conocen como "reformadas" o "calvinistas".

Por último, antes de terminar este capítulo debemos mencionar que algunos historiadores y economistas han señalado la existencia de una relación entre el calvinismo y los orígenes del capitalismo. Algunos han tratado de probar que el calvinismo fue el espíritu propulsor del capitalismo. Pero lo más correcto parece ser que ambos movimientos comenzaban a cobrar impulso en la misma época, y que pronto se aliaron. Al seguir el curso del calvinismo en diversos países, veremos algo de esa alianza y de sus resultados.

VIII
La Reforma en la Gran Bretaña

*San Pablo llama a la congregación
"el cuerpo de Cristo", con lo cual
indica que ningún miembro puede
sostenerse ni alimentarse sin la
ayuda y el apoyo de los demás. Por
ello creo que es necesario para
la inteligencia de las Escrituras
que haya reuniones de los hermanos.*

Juan Knox

Durante todo el siglo XVI, la Gran Bretaña estuvo dividida en dos reinos: el de Inglaterra, bajo el régimen de los Tudor, y el de Escocia, cuyos soberanos pertenecían a la dinastía de los Estuardo. Aunque ambas casas estaban emparentadas, y a la postre una de ellas regiría ambos reinos, las relaciones entre los dos países habían sido tensas por largo tiempo, y en consecuencia la Reforma siguió en Escocia un curso distinto del que tomó en Inglaterra. Por ello, y para simplificar nuestra narración, trataremos primero acerca de la Reforma en Inglaterra, y después tornaremos nuestra atención hacia la Reforma en Escocia.

Enrique VIII

Al comenzar el siglo XVI, Escocia era aliada de Francia, e Inglaterra de España, hasta tal punto que las tensiones políticas entre los dos grandes reinos del Continente se reflejaban en sus dos congéneres insulares. A fin de fortalecer su alianza con

Enrique VIII.

España, Enrique VII, quien reinaba en Inglaterra, concertó un matrimonio entre su hijo y presunto heredero, Arturo, y una de las hijas de los Reyes Católicos, Catalina de Aragón. El matrimonio se llevó a cabo con gran pompa cuando Catalina tenía quince años, sellando así la amistad entre España e Inglaterra. Pero a los cuatro meses Arturo murió, y los Reyes Católicos propusieron una alianza entre la joven viuda y el hermano me-

Catalina de Aragón.

nor de Arturo, Enrique, quien era ahora el heredero del trono.
El Rey de Inglaterra, ansioso de conservar tanto la amistad de
España como la dote de la princesa, venció sus reparos. Puesto
que la ley canónica prohibía que alguien se casara con la viuda
de su hermano, se obtuvo una dispensa papal, y tan pronto
como el joven Enrique tuvo la edad necesaria se le casó con
Catalina.

Aquel matrimonio no fue afortunado. Aunque el Papa había dado una dispensa, quedaban dudas acerca de si la prohibición de casarse con la viuda de su hermano caía dentro de la jurisdicción pontificia, y por tanto de la validez del matrimonio. Cuando sólo uno de los vástagos de esa unión, la princesa María, logró sobrevivir, esto pareció ser una señal de la ira divina. Era necesario que el Rey tuviera un heredero varón, y tras largos años de matrimonio con Catalina resultaba claro que tal heredero no procedería de esa unión.

Ante tal situación, se propusieron varias soluciones. Una de ellas, sugerida por el Rey, era declarar legítimo a su hijo bastardo, a quien le había dado el título de duque de Richmond. Roma no accedió a ese arreglo, y el cardenal que trataba con tales asuntos le sugirió a Enrique que casara a María con el bastardo. Pero ese matrimonio entre medio hermanos le repugnaba a Enrique, quien decidió solicitar de Roma la anulación de su matrimonio con Catalina, para poder casarse con otra. Según parece, al hacer su primera petición de anulación, el Rey no estaba todavía enamorado de Ana Bolena, y por tanto lo que le movía eran razones de estado más bien que del corazón.

Tales anulaciones eran relativamente frecuentes, y el papa podía concederlas por diversas razones. En este caso, lo que se argumentaba era que, a pesar de la dispensa papal, el matrimonio de Enrique con la viuda de su hermano no era lícito, y por tanto había sido siempre nulo. Pero había otros factores que nada tenían que ver con el derecho canónico, y que pesaban mucho más en Roma. La principal de ellas era que Catalina era tía de Carlos V, quien a la sazón tenía al Papa prácticamente en su poder, y a quien su tía había recurrido para que la salvase de la deshonra. Clemente VII no podía declarar nulo el matrimonio de Enrique con Catalina sin airar al poderoso Carlos V. Por tal motivo, le dio largas al asunto, y hasta llegó a sugerirle a Enrique que, en lugar de repudiar a su esposa, tomara otra secretamente. Pero esto tampoco era aceptable para el Rey, quien necesitaba tener un heredero públicamente reconocido. Tomás Cranmer, el principal consejero del Rey en materia religiosa, sugirió que se consultara a las principales universidades católicas, y las más prestigiosas —París, Orleans, Tolosa, Oxford,

Cambridge, y hasta las italianas— declararon que el matrimonio no era válido.

A partir de entonces Enrique VIII siguió un curso que no podía sino llevar a la ruptura definitiva con Roma. Cada vez se insistió más en las viejas leyes que prohibían que se apelara a tribunales extranjeros. Amenazando al Papa con retener los fondos que debían ir a Roma, logró que éste accediera al nombramiento de Tomás Cranmer, hombre de espíritu reformador, como arzobispo de Canterbury. El Rey no sentía la más mínima simpatía hacia los protestantes. De hecho, unos pocos años antes había compuesto un tratado contra Lutero, y había recibido de León X el título de "defensor de la fe". Pero las ideas luteranas, unidas al remanente que todavía quedaba de las de Wyclif, circulaban por todo el país, y quienes las sostenían se alegraban al ver el distanciamiento progresivo entre el Rey y el Papa. Recuérdese además que el programa de Wyclif incluía una iglesia nacional, bajo la dirección de las autoridades civiles, y se verá hasta qué punto lo que estaba sucediendo en Inglaterra concordaba con esas ideas. Además, era de todos sabido que Cranmer participaba del mismo sueño de una iglesia reformada bajo la autoridad real.

La ruptura definitiva se produjo en 1534, cuando el Parlamento, siguiendo en ello los deseos del Rey, promulgó una serie de leyes prohibiendo el pago de las anatas y de otras contribuciones a Roma, declarando que el matrimonio de Enrique con Catalina no era válido, y que por tanto María no era heredera del trono, haciendo del Rey "cabeza suprema de la Iglesia de Inglaterra", y declarando traidor a todo el que se atreviera a decir que el Rey era cismático o hereje.

El personaje más célebre que se opuso a todo esto fue sir Tomás Moro, quien había sido canciller del reino y amigo íntimo de Enrique VIII. Moro se negó a jurarle fidelidad al Rey como cabeza de la iglesia, y por ello fue encarcelado. En su prisión lo visitó una de sus hijas, a quien él había hecho educar con los mejores conocimientos del humanismo de su época. Se cuenta que, cuando su hija lo instó a retractarse y aceptar al Rey como cabeza de la iglesia, nombrando los muchos personajes ilustres que lo habían hecho, Moro le contestó: "No me es dado cargar mi conciencia a espaldas de otro". Llevado a juicio, el excanci-

"No me es dado cargar mi conciencia a espaldas de otro".

ller se defendió diciendo que él nunca había negado que el Rey fuese cabeza de la iglesia, sino que sencillamente se había negado a afirmarlo, y que a nadie se le puede condenar por dejar de decir algo. Pero cuando se le condenó a muerte declaró abiertamente que, para desahogar su conciencia, deseaba dejar constancia de que no creía que un laico pudiese ser cabeza de la iglesia, o que hubiera reino humano alguno con autoridad para establecer leyes en materias eclesiásticas. Cinco días después fue ejecutado en la Torre de Londres, tras anunciar: "Muero siendo todavía fiel siervo del Rey, pero ante todo lo soy de Dios". En 1935, cuatrocientos años después de su muerte, Tomás Moro fue declarado santo por la iglesia católica.

Lo que hasta entonces había sucedido no era más que un cisma, sin contenido reformador alguno, y sin más doctrinas que las necesarias para justificar el cisma mismo. Pero había muchos en Inglaterra que creían que era necesario reformar la iglesia, y que veían en todos estos acontecimientos una gran oportunidad para hacerlo. El principal de ellos, pero ciertamente no el único, era Tomás Cranmer.

La actitud de Enrique VIII hacia las cuestiones religiosas era esencialmente conservadora. El mismo parece haber estado convencido de buena parte de las doctrinas tradicionales. Pero no cabe duda de que sus motivos últimos eran principalmente políticos. Luego, durante todo su reinado las leyes sobre materia religiosa vacilaron según las necesidades del momento. Naturalmente, tan pronto como fue hecho cabeza de la iglesia Enrique declaró nulo su matrimonio con Catalina, y legalizó el que había tenido lugar secretamente con Ana Bolena poco antes. Pero Ana no le dio sino una hija, y a la postre fue acusada de adulterio y ejecutada. El Rey se casó entonces con Jane Seymour, quien por fin le dio un heredero varón. Cuando Jane murió, el Rey utilizó su nuevo matrimonio para tratar de establecer una alianza con los luteranos alemanes, pues en ese momento se sentía amenazado tanto por Francia como por Carlos V. Se casó entonces con Ana de Cleves, cuñada del príncipe protestante Juan Federico de Sajonia. Pero cuando resultó claro que los luteranos insistían en sus posiciones doctrinales, y que Carlos V y Francisco I no podían ponerse de acuerdo, Enrique se divorció de Ana, e hizo decapitar al ministro que había hecho los arreglos para ese matrimonio. La nueva reina, Catherine Howard, pertenecía al partido conservador, y por tanto este matrimonio señaló un nuevo período de dificultades para el partido reformista. Además, Enrique hizo un pacto con Carlos V para una invasión conjunta de Francia. Puesto que no tenía que temerle entonces al Emperador, rompió todas sus negociaciones con los protestantes alemanes, y trató una vez más de hacer que la Iglesia de Inglaterra fuese semejante a la romana, excepto en lo que se refería a la obediencia al papa, y a los monasterios, cuyas propiedades el Rey había confiscado poco antes, y no tenía intención alguna de devolver. Pero Catherine Howard cayó en desgracia y fue decapitada, y Carlos V, por razones de su propia conveniencia, rompió su alianza con Inglaterra. La próxima y última esposa de Enrique VIII, Catherine Parr, era partidaria de la reforma. Los conservadores se veían en una situación cada vez más difícil cuando el Rey murió a principios de 1547.

Durante todo este tiempo, unas veces con el apoyo real y otras sin él, las ideas reformadoras se habían ido posesionando del país. Cranmer había hecho traducir la Biblia al inglés, y por mandato real una gran Biblia había sido colocada en cada iglesia, donde todos pudieran leerla. Esta era un arma poderosa en manos de los propagandistas de la reforma, que iban de lugar en lugar señalando los puntos en que las Escrituras parecían darles la razón. La disolución de los monasterios privó al partido conservador de uno de sus más fuertes baluartes. Y los humanistas, que eran numerosos e influyentes en el país, veían en la política real una oportunidad de llegar a una reforma sin los que les parecían excesos de los protestantes alemanes. El resultado fue que a la muerte de Enrique VIII el partido reformador contaba con fuerte apoyo en todo el país.

Eduardo VI

El sucesor de Enrique VIII fue su único heredero varón, Eduardo, quien era un niño enfermizo. Bajo la regencia de su tío el duque de Somerset, que duró tres años, la Reforma marchó rápidamente. Se comenzó a administrar la comunión en ambas especies, se permitió el matrimonio del clero, y se quitaron las imágenes de las iglesias.

Pero la medida más notable de este período fue la publicación del *Libro de oración común,* cuyo principal autor fue Cranmer, y que le dio por primera vez al pueblo inglés una liturgia en su propio idioma. Al mismo tiempo, regresaron al país muchas personas que se habían exiliado por cuestiones religiosas, y que ahora traían ideas teológicas procedentes del Continente, en su mayoría calvinistas o zwinglianas.

El duque de Somerset fue sustituido por el de Northumberland, hombre menos escrupuloso que su antecesor, pero a quien le pareció conveniente continuar el proceso reformador. Bajo su regencia se publicó una edición revisada del *Libro de oración común.* La tendencia zwingliana de esta nueva versión puede verse si se comparan las palabras que el ministro debe decir al repartir el pan. En el primer libro, esas palabras eran: "El cuerpo de nuestro Señor Jesucristo, que fue dado por ti, preserve tu cuerpo y alma para la vida eterna". En el segundo, lo que se debía decir era: "Toma y come esto en memoria de que Cristo murió por ti, y aliméntate de él en tu corazón por fe y con acción de gracias". Mientras la primera frase refleja un

Tomás Cranmer, a quien Enrique hizo arzobispo de Canterbury, fue uno de los principales propulsores de la Reforma en Inglaterra.

modo de entender la comunión que puede ser tanto católico como luterano, la segunda se inspira en la posición de Zwinglio.

Esa diferencia entre los dos libros de oración era índice del rumbo que llevaban las cosas en Inglaterra. Los jefes del partido reformador, que se inclinaban cada vez más hacia la teología reformada, tenían amplias razones para esperar que su causa triunfaría sin mayor oposición.

María Tudor

Pero entonces murió Eduardo VI, quien siempre gozó de poca salud, y el trono pasó a María, la hija de Enrique VIII y de Catalina de Aragón. María había sido siempre católica, y para ella el movimiento reformador había comenzado con la deshonra de que había sido objeto en su juventud, cuando fue declarada hija ilegítima. Luego, en su mente siempre estuvo el propósito de restaurar la vieja fe. Para ello contaba con el apoyo de varios de los obispos conservadores, que habían sido destituidos en los dos reinados anteriores, y de su primo hermano Carlos V. Pero pronto se persuadió de que era necesario proceder con cautela, y por lo tanto durante los primeros meses de su reinado se contentó con una serie de medidas relativamente leves, al tiempo que consolidaba su posición casándose con Felipe de España.

Tan pronto como se sintió segura sobre el trono, sin embargo, la Reina comenzó a tomar medidas cada vez más represivas contra los protestantes. A fines de 1554, Inglaterra regresó oficialmente a la obediencia del papa. Empero había que deshacer lo hecho por su padre y su medio hermano, y por tanto se dictaron varias leyes abrogando las acciones del Parlamento bajo Enrique VIII y Eduardo VI, obligando a los sacerdotes casados a separarse de sus esposas, ordenando que se guardaran todos los días de los santos y demás fechas tradicionales, etc.

De tales medidas se pasó a la represión abierta. Se dice que durante el breve reinado de María fueron 288 los quemados por sostener posiciones protestantes, además de muchos otros que murieron en las cárceles o en el exilio. Todo esto le valió a la Reina el epíteto por el que todavía se le conoce: *Bloody Mary*, María la Sanguinaria.

De todos los mártires del reinado de María, el más ilustre fue sin lugar a dudas el arzobispo Cranmer. Por ser arzobispo de Canterbury, su caso fue enviado a Roma, donde se le condenó y quemó en efigie. Pero el propósito de la Reina era obligar al célebre jefe del partido reformador a retractarse. Con cruel intención, se le permitió presenciar desde su prisión el martirio de sus dos más importantes compañeros en la causa reformado-

Tomás Cranmer fue arrestado y llevado a prisión.

ra, los obispos Latimer y Ridley. A la postre, Cranmer firmó una serie de retractaciones. Hasta el día de hoy los historiadores no concuerdan en si lo hizo por temor a la hoguera, o porque se lo ordenaba la Reina, y él siempre había dicho que era necesario obedecer a los soberanos. Lo más probable es que ni el propio Cranmer supiera a ciencia cierta cuáles eran sus motivos. El hecho es que se retractó por escrito, y que a pesar de ello se le condenó a ser quemado, "para que sirva de ejemplo", y se hicieron arreglos para que se retractara públicamente antes del suplicio. En la iglesia de Santa María habían construido una plataforma de madera frente al púlpito, y después del sermón se le dio oportunidad a Cranmer para retractarse. Empezó hablando de sus pecados y debilidades, y todos esperaban que terminaría diciendo que había pecado al apartarse de la iglesia romana. Pero para sorpresa de sus verdugos, lo que hizo fue retirar su retractación:

—Hay un escrito contrario a la verdad que ha sido publicado, y que ahora repudio porque fue escrito por mi mano contra la verdad que mi corazón conocía. [...] Y puesto que fue mi mano la que ofendió, al escribir contra mi corazón, mi mano será castigada primero. Cuando esté yo en la pira, será ella la que primero arderá.

—Y puesto que mi mano fue la que ofendió, al escribir contra mi corazón, mi mano será castigada primero.

Ante aquel acto de valor del anciano obispo, quien de hecho sostuvo la mano en el fuego hasta que se carbonizó, se olvidaron las flaquezas de sus últimos días, y Cranmer fue considerado un héroe nacional. Aunque por lo pronto el poder estaba en manos de los católicos, que se esforzaban por ahogar el movimiento protestante, ya no cabía duda de que éstc había echado raíces en el país, y sería difícil extirparlo.

Isabel I

María murió a fines de 1558, y le sucedió su medio hermana Isabel, hija de Ana Bolena. Carlos V le había sugerido repetidamente a María que hiciera ejecutar a Isabel. Pero la sanguinaria reina no se atrevió a tanto. De igual modo que María había sido católica por convicción y por necesidad política, Isabel era protestante por las mismas razones. Si el papa, y no el rey, era la cabeza de la iglesia en Inglaterra, se seguía que el matrimonio de Enrique VIII con Catalina de Aragón era válido, y por tanto Isabel, nacida de Ana Bolena en vida de Catalina, era ilegítima. El Papa, a la sazón Pablo IV, dio muestras de estar dispuesto a declarar a Isabel hija legítima de Enrique, siempre que continuara en la comunión romana. Pero bien pronto tuvo que abandonar tales esperanzas, pues la nueva reina ni siquiera se dignó notificarle de su elevación al trono, y le dio instrucciones al embajador inglés en Roma para que regresara.

Empero Isabel no era tampoco una protestante extremista. Su ideal era una iglesia cuyas prácticas religiosas fuesen uniformes, de modo que el reino quedara unido, pero en la que al mismo tiempo se permitiera bastante libertad de opiniones. Dentro de esa iglesia, no tendrían lugar ni el catolicismo romano ni el protestantismo extremo. Pero cualquiera otra forma de protestantismo sería aceptable, siempre que se ajustara al culto común de la iglesia anglicana.

Además de la *Ley de uniformidad,* el principal instrumento de esa política era el *Libro de oración común,* que Isabel hizo revisar y reeditar. Como señal de su política de inclusivismo teológico, es notable el modo en que esta nueva edición combina las dos fórmulas que el ministro debía usar al repartir el pan en los dos libros publicados bajo Eduardo VI. Más arriba hemos citado esas fórmulas, que ahora el libro isabelino combinó diciendo:

El cuerpo de nuestro Señor Jesucristo, que fue dado por ti, preserve tu cuerpo y alma para la vida eterna. Toma y come esto en memoria de que Cristo murió por ti, y aliméntate de él en tu corazón por fe y con acción de gracias.

Naturalmente, el propósito de esa doble fórmula era acomodar las diversas opiniones de quienes creían que la comunión era sencillamente un acto de conmemoración, y quienes creían que en ella se participaba realmente del cuerpo de Cristo.

La misma política puede verse en los *Treinta y nueve artículos*, promulgados en 1562 para servir de base doctrinal a la iglesia anglicana. Aunque en ellos se rechazan varias de las prácticas y doctrinas católicas, no se hace esfuerzo alguno por tomar posición entre las diversas alternativas protestantes. Al contrario, esos artículos son más bien un intento de producir una "vía media" de la que pudieran participar todos menos los católicos más recalcitrantes y los protestantes más radicales.

Durante el reinado de Isabel el catolicismo siguió llevando una existencia precaria en Inglaterra. Algunos católicos tomaron por estandarte la causa de María Estuardo, reina exiliada de Escocia de quien trataremos en la próxima sección de este capítulo, y quien era la heredera del trono inglés si Isabel resultaba ser hija ilegítima de Enrique VIII. Alrededor de ella se urdieron numerosas conspiraciones por parte de los católicos, a quienes el Papa había declarado libres de toda obligación de obedecer a la Reina. Desde fuera de Inglaterra, los jefes católicos exiliados llamaban a Isabel hereje y usurpadora, y soñaban con su derrocamiento y la coronación de María Estuardo. Al mismo tiempo, se fundaban seminarios en el exilio, cuyos graduados regresaban clandestinamente a Inglaterra para administrarles los sacramentos a los fieles católicos. Muchos de los implicados en las diversas conspiraciones contra la Reina fueron capturados y ejecutados. A la postre Isabel aceptó el consejo de sus allegados, y ordenó que su prima fuese ejecutada. En total, el número de católicos ajusticiados durante el reinado de Isabel fue tan alto como el de los protestantes que murieron bajo María la Sanguinaria. Pero hay que tener en cuenta que Isabel reinó casi medio siglo, y su medio hermana poco más de tres años. En todo caso, hacia el final de la vida de Isabel los católicos daban señales de estar dispuestos a distinguir entre su obediencia religiosa al papa y su lealtad política a la Reina. Tal sería la postura que finalmente les permitiría convivir en Inglaterra con sus conciudadanos anglicanos.

También hacia fines del reinado de Isabel comenzaron a cobrar fuerza los "puritanos", personas de convicciones reformadas o calvinistas, que recibieron ese nombre porque insistían en la necesidad de restaurar las prácticas y doctrinas del Nuevo Testamento en toda su pureza. Pero, puesto que fue en una época posterior cuando adquirieron verdadera fuerza, dejaremos su discusión para otro tomo de esta historia.

La Reforma en Escocia

El reino de Escocia, al norte de Inglaterra, había seguido tradicionalmente la política de aliarse con Francia para resistir a los ingleses, que deseaban apoderarse de sus territorios. En el siglo XVI, sin embargo, el país se dividió entre quienes seguían esa política tradicional y quienes sostenían que las circunstancias habían cambiado, y que era aconsejable establecer lazos más estrechos con Inglaterra. Esa nueva política logró uno de sus mayores triunfos en 1502, cuando Jaime IV de Escocia se casó con Margarita Tudor, hija de Enrique VII de Inglaterra. Por tanto, cuando Enrique VIII llegó a ocupar el trono inglés, existía la esperanza de que ambos reinos pudieran por fin vivir en paz. El propio Enrique le ofreció a Jaime V, hijo de Jaime IV y de Margarita, y por tanto sobrino del Rey de Inglaterra, la mano de María Tudor (la que más tarde recibiría el mote de "la Sanguinaria"). Pero el Rey de Escocia decidió regresar a la política tradicional de aliarse a Francia frente a las pretensiones inglesas, y por ello se casó con la francesa María de Guisa. A partir de entonces, su política se opuso constantemente a la de Enrique, sobre todo en lo que se refería a sus relaciones con el papa y a la reforma eclesiástica.

Mientras todo esto sucedía, el protestantismo iba penetrando en el país. Desde mucho antes, las ideas de los lolardos y de los husitas se habían difundido en Escocia, de donde había sido imposible desarraigarlas. Entre quienes sostenían esas ideas, el protestantismo encontró campo fértil. Pronto hubo escoceses que, tras estudiar por algún tiempo en Alemania, regresaron a su país y se dedicaron a divulgar las doctrinas y los escritos de los reformadores alemanes. El parlamento escocés promulgó leyes contra esas obras y contra los propagandistas protestantes. En 1528 se produjo el primer martirio de uno de esos predicadores itinerantes, y a partir de entonces los ajusticiados fueron cada vez más. Pero todo fue en vano. A pesar de la persecución, la nueva doctrina se expandía cada vez más.

Esa predicación protestante contaba con poderosos aliados en muchos de los nobles, celosos de sus viejas prerrogativas que la corona trataba de usurpar, y en los estudiantes de las universidades escocesas, donde circulaban constantemente los libros y las ideas de los reformadores protestantes.

A la muerte de Jaime V en 1542, se produjo una pugna por la regencia, pues la heredera del trono era la pequeña María Estuardo, hija del difunto rey, quien contaba apenas una semana de edad a la muerte de su padre. Enrique VIII pretendía casarla con su hijo Eduardo, heredero de la corona inglesa. Esos planes contaban con cierto apoyo entre los nobles protestantes, que eran también anglófilos. Frente a ellos los católicos, francófilos, deseaban que la pequeña reina fuese enviada a Francia para su educación, y que contrajera matrimonio con un príncipe francés.

El jefe del partido católico era el cardenal David Beaton, arzobispo de San Andrés, quien perseguía a los protestantes y envió a la pira al famoso predicador Jorge Wishart. Frente a él, un grupo de protestantes tramó una conspiración, y en mayo de 1546 se apoderó del castillo de San Andrés y le dio muerte a Beaton. Dividido como estaba, el gobierno poco pudo hacer. Tras sitiar el castillo por un breve tiempo, y ver que era imposible tomarlo, las tropas se retiraron, y los protestantes de todo el reino empezaron a ver en San Andrés el baluarte de su fe.

Entonces entró en escena Juan Knox. Es poco lo que se sabe de la infancia y juventud de este fogoso reformador, quien pronto se convirtió en el símbolo del protestantismo escocés. Nacido alrededor de 1515, hizo estudios de teología, y fue ordenado sacerdote antes de 1540. Poco después era tutor de los hijos de dos de los nobles que conspiraban a favor del protestantismo, y estaba en contacto con Jorge Wishart (el mismo que fue muerto por el cardenal Beaton). Cuando los protestantes se apoderaron de San Andrés, recibió órdenes de acudir al castillo con los jóvenes que estaban a su cuidado. Aunque su propósito era marchar a Alemania, y allí dedicarse al estudio de la teología, al llegar a San Andrés se vio cada vez más envuelto en los acontecimientos que sacudían a Escocia.

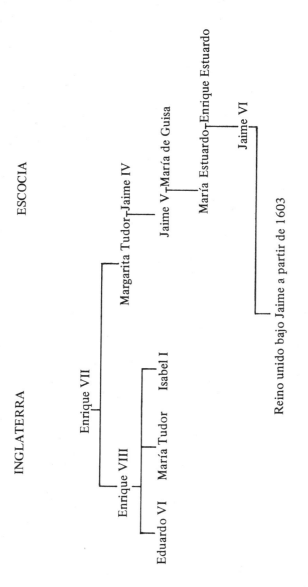

LOS SOBERANOS DE INGLATERRA Y ESCOCIA

Contra su voluntad, fue hecho predicador de la comunidad protestante, y a partir de entonces fue el principal portavoz de la causa reformadora en Escocia.

Los protestantes de San Andrés pudieron sostenerse porque tanto Inglaterra como Francia pasaban por momentos difíciles. Pero tan pronto como Francia le mandó refuerzos al gobierno escocés, y éste envió contra San Andrés tropas bien armadas, el castillo tuvo que rendirse. Contra lo que se estipulaba en los términos de esa rendición, Knox y varios otros fueron condenados a remar en las galeras, donde durante diecinueve meses el futuro reformador sufrió los más crueles rigores. Por fin fue dejado libre gracias a la intervención de Inglaterra, donde a la sazón reinaba Eduardo VI, y donde Knox fue entonces ministro.

Ese interludio inglés terminó cuando la muerte de Eduardo VI colocó en el trono inglés a María Tudor, y empezó la represión del protestantismo en ese país. Knox partió entonces hacia Suiza, donde pudo pasar algún tiempo con Calvino en Ginebra, y en Zurich con Bullinger, el sucesor de Zwinglio. Además hizo dos visitas a Escocia, para fortalecer a los creyentes que habían quedado en el país.

En el entretanto, la vida política de Escocia había seguido su curso. La pequeña María Estuardo había sido enviada a Francia, donde gozaba de la protección de sus parientes los Guisa. Su madre, de esa misma familia, permaneció en Escocia como regente. En abril de 1558, María Estuardo se casó con el delfín, que poco más de un año después fue coronado como Francisco II de Francia. Luego, la joven María, que contaba dieciseis años, era a la vez reina consorte de Francia y reina titular de Escocia. Pero tales títulos y honores no le bastaban, pues pretendía ser también la reina legítima de Inglaterra. María Tudor, "la Sanguinaria", había muerto en 1558, y le había sucedido su medio hermana Isabel. Pero si, como pretendían los católicos, Isabel era ilegítima, el trono le correspondía a María Estuardo, bisnieta de Enrique VII. Por tanto, tan pronto como murió María Tudor, María Estuardo tomó el título de "reina de Inglaterra". En Escocia, gobernada por la reina madre como regente, el partido católico y francófilo ocupaba el poder, pero esto a su vez había obligado a los jefes protestantes a unirse más estrechamente entre sí, y a fines de 1557 los principales de ellos establecieron un pacto solemne. Puesto que se comprometían a "promover y establecer la muy bendita Palabra de Dios, y su congregación", se les dio el nombre de "lores de la congregación". Estos lores al mismo tiempo se percataban de que su causa era paralela a la de los protestantes ingleses, y por tanto se acercaron a ellos. La regente dio instrucciones para que arreciara la persecución contra los "herejes", pero éstos no se dejaron amedrentar, y en 1558 se organizaron como iglesia. Poco antes habían escrito a Suiza, pidiendo el regreso de Knox.

En el exilio, Knox había escrito un ataque virulento contra las mujeres que a la sazón gobernaban en Europa: la regente María de Lorena en Escocia, la sanguinaria María Tudor en Inglaterra, y la taimada Catalina de Médicis en Francia. Su obra, *El primer toque de clarín contra el régimen monstruoso de las mujeres,* apareció en mal momento, pues apenas empezaba a circular en Inglaterra cuando murió María Tudor y le sucedió Isabel. Aunque el libro iba dirigido contra su medio hermana, mucho de lo que se decía en él, de un tono marcadamente antifemenino, podría aplicársele igualmente a la nueva reina. Esto dificultó la alianza natural que debió haber existido desde el principio entre Isabel y Knox, quien repetidamente se dolió y retractó de lo que había dicho en su libro.

Mientras tanto, la situación se hacía cada vez más difícil para los protestantes escoceses. La regente pidió y obtuvo tropas de Francia para aplastar a los lores de la congregacion. Estos lograron algunas victorias sobre los invasores. Pero su ejército, carente de recursos económicos, no podría sostenerse por mucho tiempo. Los protestantes apelaron repetidamente a Inglaterra, haciéndole ver que, si los católicos lograban aplastar la rebelión religiosa en Escocia, y ese país quedaba en manos de los católicos y estrechamente unido a Francia, la corona de Isabel peligraría. Knox, quien había regresado poco antes, sostenía a los protestantes con sus sermones y la fuerza de su convicción. Por fin, a principios de 1560, Isabel decidió enviar tropas a Escocia. El ejército inglés se unió a los protestantes escoceses, y la lucha prometía ser ardua cuando murió la regente, y los franceses decidieron que les convenía retirarse del país. Mediante un tratado, se decidió que tanto los ingleses como los franceses abandonarían el suelo escocés, y que los naturales de ese país serían dueños de su propio destino.

Pronto comenzaron a aparecer diferencias entre Knox y los lores que hasta entonces habían apoyado la causa reformadora. Aunque frecuentemente se aducían otras razones, el principal motivo de fricción era económico. Los lores aspiraban a enriquecerse con las posesiones eclesiásticas y Knox y los ministros que lo apoyaban querían que esos recursos se emplearan para establecer un sistema de educación universal, para aliviar las penurias de los pobres, y para sostener la iglesia.

En medio de tales luchas, los nobles decidieron invitar a María Estuardo a regresar al país y reclamar el trono que le pertenecía como herencia de su padre. Puesto que su esposo el Rey de Francia había muerto poco antes, María se mostró dispuesta a acceder a esa petición. Llegó a Escocia en 1561 y, aunque nunca fue popular, al principio se contentó con seguir el consejo de su medio hermano bastardo, Jaime Estuardo, lord de Moray, quien era uno de los principales jefes del protestantismo, y quien evitó que su política enemistara a los lores protestantes.

En cuanto a Knox, siempre parece haber estado convencido de que el conflicto con la Reina era inevitable. Y en este punto María parece haber sido de igual opinión. Desde el principio la Reina insistió en celebrar la misa en su capilla privada, y el reformador comenzó a tronar contra la "idolatría" de esta "nueva Jezabel". Hubo varias entrevistas entre ambos, cada vez más tormentosas. Pero los lores, satisfechos con la situación existente, no estaban dispuestos a dejarse llevar por el extremismo del predicador, y se contentaban con asegurarse de que se garantizara su libertad de adorar a Dios según sus propias convicciones.

Mientras tanto, Knox y sus colaboradores se ocupaban de organizar la iglesia reformada de Escocia, que tomó una forma de gobierno semejante al presbiterianismo posterior. En cada iglesia se elegían ancianos, y también el ministro, aunque éste no podía ser instalado sin antes ser examinado por los demás ministros. El *Libro de disciplina*, el *Libro de orden común* y la *Confesión escocesa* fueron los pilares sobre los que Knox construyó esta nueva iglesia.

A la postre, María Estuardo fue la causa de su propia caída.

Juan Knox predicando en la catedral de San Andrés.

Su sueño siempre fue ocupar el trono de Inglaterra, y en pos de él perdió tanto el de Escocia como la propia vida. A fin de afianzar su derecho a la corona inglesa, se casó con su primo Enrique Estuardo, lord Darnley, quien también tenía cierto derecho de sucesión. Moray se opuso a esa unión, que era parte de un pacto con España para deshacerse del protestantismo, y acudió a las armas. María apeló a lord Bothwell, un hábil soldado, quien derrotó a Moray y lo obligó a refugiarse en Inglaterra, al tiempo que María declaraba que pronto tomaría posesión del trono en Londres.

La pérdida de los consejos de Moray llevó a María al desastre. Pronto decidió que Darnley no era el esposo que deseaba, y así se lo hizo saber a Bothwell y a otros. Al poco tiempo, Darnley fue asesinado, y las sospechas recayeron sobre Bothwell, quien fue absuelto en un juicio al que no se admitieron testigos de cargo. Poco más de tres meses después de la muerte de Darnley, María se casó con Bothwell.

Empero Bothwell era odiado por los lores escoceses, que

pronto se rebelaron contra él. Cuando la Reina trató de aplastar la rebelión, descubrió que sus tropas no estaban dispuestas a defender su causa, y quedó en manos de los lores, quienes le presentaron pruebas de su participación en la muerte de Darnley y le indicaron que si no abdicaba sería acusada de asesinato. María abdicó entonces a favor de su hijo de un año Jaime VI, a quien había tenido de Darnley, y Moray regresó de Inglaterra para ser regente del reino. Poco después María escapó y organizó un ejército. Pero fue derrotada por las tropas de Moray, y no le quedó más recurso que huir a Inglaterra, y solicitar la protección de su odiada prima Isabel.

Acerca del cautiverio y muerte de María Estuardo la imaginación romántica ha urdido una leyenda que hace de ella una mártir en manos de la ambiciosa y celosa Isabel. El hecho es que Isabel recibió a su prima con mayor cortesía de la que era de esperar para quien por tantos años la había llamado bastarda y tratado de apropiarse de su corona. Aunque fue hecha prisionera, en el sentido de que no se le permitía abandonar el castillo donde se le obligaba a vivir, se le permitió conservar su dote y un cuerpo de treinta sirvientes escogidos por ella, y siempre se le trató como reina. Pero en medio de todo esto María continuaba conspirando, no sólo para obtener su libertad, sino también para apoderarse del trono inglés. Puesto que Isabel era el principal obstáculo en su camino, y puesto que España era la gran potencia que defendía la causa católica, el elemento común de todas las conspiraciones que se descubrieron era un plan que incluía el asesinato de Isabel y la invasión de Inglaterra por parte de tropas españolas. Cuando la tercera conspiración de esta índole fue descubierta, con pruebas irrefutables, María fue llevada a juicio y condenada a muerte. Pero aún después de ello Isabel demoró tres meses en firmar la sentencia. Cuando por fin fue llevada ante el verdugo, María se enfrentó a la muerte con regia compostura.

En Escocia, el exilio de María no les puso fin a las contiendas entre los diversos partidos. Knox apoyó al regente Moray. Pero la lucha era todavía ardua cuando Knox sufrió un ataque de parálisis y tuvo que retirarse de la vida activa. Cuando se enteró de la matanza de San Bartolomé en Francia (de que trataremos más adelante) hizo un esfuerzo sobrehumano por regresar al púlpito, donde les señaló a sus compatriotas que igual suerte les aguardaba si flaqueaban en la lucha. A los pocos días murió.

Poco después, no cabía duda de que Escocia sería un país reformado.

IX
El curso posterior del luteranismo

El gobernante cristiano puede y debe defender a sus súbditos contra toda autoridad superior que pretenda obligarlos a negar la Palabra de Dios y a practicar la idolatría.

Confesión de Marburgo

La paz de Nuremberg, firmada en 1532, les permitía a los protestantes continuar en su fe, al tiempo que les prohibía extenderla hacia otros territorios. Al parecer, Carlos V esperaba poder detener de ese modo el avance del protestantismo, hasta tanto él pudiera reunir los recursos necesarios para aplastarlo. Empero esa política se frustró, porque a pesar de lo acordado en Nuremberg el protestantismo continuaba expandiéndose.

La expansión protestante

La situación política de Alemania era en extremo complicada y fluida. Aunque supuestamente el emperador gozaba del poder supremo, había muchos otros intereses que se oponían al uso de ese poder. Aparte las razones religiosas de los protestantes, muchos temían el creciente poder de la casa de Austria, a la que pertenecía Carlos V. Entre ellos se contaban varios príncipes católicos que no querían darle al Emperador ocasión de emplear su lucha contra los protestantes como medio de engrandecer el poderío de su casa, y que por tanto no estaban dispuestos a lanzarse de lleno a la cruzada antiprotestante que Carlos trataba de organizar. Además, uno de los principales baluartes contra las pretensiones de la casa de Austria era Felipe de Hesse, quien era el jefe de la liga protestante de Esmalcalda. Por ello, el Emperador no pudo oponerse efectivamente a la expansión del protestantismo hacia nuevos territorios.

En 1534 Felipe les arrebató a los de Austria el ducado de Würtemberg, de que se habían posesionado y cuyo duque estaba exiliado. Tras asegurarse de la neutralidad de los príncipes católicos, Felipe invadió el ducado y se lo devolvió al duque, quien se declaró protestante. Puesto que al parecer buena parte de la población se inclinaba de antemano hacia esa fe, pronto todo el ducado la siguió.

Otro rudo golpe para el catolicismo alemán fue la muerte del duque Jorge de Sajonia, en 1539. Sajonia estaba dividida en dos, la Sajonia electoral y la ducal. En la primera el protestantismo había tenido su cuna. Pero la segunda se le había opuesto tenazmente, y el duque Jorge había sido uno de los peores enemigos de Lutero y de sus seguidores. Su hermano y sucesor, Enrique, se declaró protestante, y Lutero fue invitado a predicar en Leipzig, la capital del ducado, donde años antes había tenido lugar su debate con Eck.

El mismo año el electorado de Brandeburgo pasó a manos protestantes, y hasta se empezó a hablar de la posibilidad de que los tres electores eclesiásticos, los arzobispos de Tréveris, Maguncia y Colonia, abandonaran el catolicismo y se declararan protestantes.

Carlos V tenía las manos atadas, pues se encontraba envuelto en demasiados conflictos en otros lugares, y por tanto todo lo que pudo hacer fue formar una alianza de príncipes católicos para oponerse a la Liga de Esmalcalda. Esta fue la Liga de Nuremberg, fundada en 1539. Además trató, aunque sin gran éxito, de lograr un acercamiento entre católicos y protestantes, y con ese propósito tuvieron lugar varios coloquios entre teólogos de ambos bandos. A pesar de todas las medidas imperiales, en 1542 la Liga de Esmalcalda conquistó los territorios del principal aliado del Emperador en el norte de Alemania, el duque Enrique de Brunswick, y el protestantismo se apoderó de la región. Varios obispos, conscientes de que la mayoría del pueblo se inclinaba hacia el protestantismo, declararon que sus posesiones eran estados seculares, se hicieron señores hereditarios, y tomaron el partido protestante. Naturalmente, en todo esto había una mezcla de motivos religiosos y ambiciones personales. Pero en todo caso el hecho era que el protestantismo parecía estar a punto de adueñarse de toda Alemania, y que durante más de diez años el Emperador vio disminuir su poder. Empero pronto los protestantes recibirían varios golpes rudos.

La guerra de Esmalcalda

El primer golpe fue la bigamia de Felipe de Hesse. Este jefe de la Liga de Esmalcalda era un hombre digno y dedicado a la causa protestante, quien tenía sin embargo fuertes cargas de conciencia porque le era imposible llevar vida marital con su esposa de varios años, y tampoco podía ser continente. No se trataba de un libertino, sino de un hombre atormentado por sus apetitos sexuales, y por el remordimiento que su satisfacción ilícita le causaba. Felipe les pidió consejo a los principales jefes de la Reforma, y Lutero, Melanchthon y Bucero concordaron en que las Escrituras no prohibían la poligamia, y que Felipe podía tomar una segunda esposa sin abandonar la primera, siempre que no lo publicara, pues la ley civil sí prohibía la poligamia. Felipe siguió su consejo, y cuando el escándalo estalló tanto él como los teólogos a quienes había consultado se vieron en una situación harto difícil. En el campo de la política, el anuncio de la bigamia del landgrave hizo que varios miembros de la Liga de Esmalcalda pusieran en duda el derecho que tenía a ser su dirigente, y por tanto la alianza protestante quedó carente de una cabeza efectiva.

El segundo golpe fue la negativa del duque Mauricio de Sajonia a unirse a la Liga de Esmalcalda. Al mismo tiempo que se declaraba protestante, insistía en llevar su propia política. Y, cuando el Emperador declaró que su guerra no era contra el protestantismo, sino contra la rebelión de los príncipes luteranos, Mauricio estuvo dispuesto a tomar el partido del Emperador, a cambio de ciertas concesiones que éste le prometió.

El tercer golpe fue la muerte de Lutero, que tuvo lugar en 1546. A pesar del prestigio que había perdido a causa de la guerra de los campesinos y de la bigamia de Felipe de Hesse, Lutero era el único personaje capaz de unir a los protestantes

El fragor del debate entre protestantes y católicos puede verse en estos dos grabados de la época. En el primero, el papa está sentado en su trono, en las fauces mismas del infierno, mientras los demonios lo coronan y sostie-

bajo una sola bandera. Su muerte, poco después de la bigamia del landgrave, dejó al partido protestante acéfalo tanto política como eclesiásticamente.

Empero el más rudo golpe lo asestó el Emperador, quien por fin se encontraba libre para ocuparse de los asuntos de Alemania, y deseaba vengar todas las humillaciones de que había sido objeto por parte de los príncipes protestantes. Aprovechando las divisiones entre los protestantes, y con ayuda del duque Mauricio, Carlos V invadió el país y derrotó e hizo prisioneros

nen sus pies y su trono. En el segundo, Satanás da a luz al papa y los cardenales, y después mece al papa en su cuna, lo amamanta y le enseña los primeros pasos.

tanto a Felipe de Hesse como al elector Juan Federico de Sajonia (sucesor de Federico el Sabio).

El *Interim de Augsburgo*

A pesar de su victoria militar, el Emperador sabía que no podía imponer su voluntad en cuestiones de religión, y por tanto se contentó con promulgar el *Interim de Augsburgo*, compuesto por una comisión de teólogos católicos y protestantes. Por orden de Carlos V, lo estipulado en ese *Interim* debía

Felipe Melanchthon, quien había sido el principal colaborador de Lutero en el campo teológico, lo sucedió como jefe de los teólogos luteranos, aunque pronto surgieron contiendas acerca de quién interpretaba más acertadamente el pensamiento del Reformador.

seguirse hasta tanto se convocara a un concilio general que dirimiera las diferencias entre ambos bandos (el Concilio de Trento había comenzado tres años antes, en 1545, pero el Emperador había chocado con el Papa, y no estaba dispuesto a aceptar las deliberaciones de ese concilio). Lo que Carlos V esperaba era imponer en Alemania una reforma semejante a la que estaba teniendo lugar en España desde tiempos de su abuela Isabel, de tal modo que se eliminaran el abuso y la corrupción, pero se mantuvieran las doctrinas y prácticas tradicionales. El *Interim* le parecía un medio de ganar tiempo para lograr implantar esa política.

Pero ni los católicos ni los protestantes acogieron con agrado este intento de legislar acerca de cuestiones de conciencia. En todas partes surgió oposición al *Interim*. Varios de los principales jefes protestantes se negaron a aceptarlo. Los teólogos de Wittenberg, con Melanchthon a la cabeza, aceptaron por fin una versión modificada, el *Interim de Leipzig*. Pero aun esto no era aceptable para la mayoría de los luteranos, que acusaban a Melanchthon y los suyos de cobardía, al tiempo que éstos se defendían diciendo que había que distinguir entre lo esencial y lo periférico, y que habían cedido únicamente en lo periférico a fin de retener su derecho a continuar predicando y practicando lo esencial.

En todo caso, la política de Carlos V, que pareció tener tan buenas posibilidades de éxito a raíz de la guerra de Esmalcalda, fracasó. Los demás príncipes, inclusive los católicos, se quejaban del mal trato que se les daba a los prisioneros Felipe de Hesse y Juan Federico de Sajonia, y hasta se decía que el Emperador se había posesionado de la persona del landgrave comprometiendo su honor mediante una artimaña indigna. Al mismo tiempo los protestantes, divididos antes de la guerra, comenzaban a unirse en su oposición al *Interim*. Y tanto el Papa como el Rey de Francia se mostraban poco dispuestos a auxiliar al Emperador, cuyos triunfos veían con recelos.

La derrota del Emperador

Pronto los príncipes protestantes comenzaron a conspirar contra Carlos V. Mauricio de Sajonia, quien no había recibido del Emperador lo que esperaba, y quien en todo caso temía el creciente poder de la casa de Austria, se unió a la conspiración, que le envió embajadores al Rey de Francia para asegurarse de su apoyo. Cuando por fin estalló la revuelta, el Emperador se vio desamparado, al tiempo que las tropas francesas de Enrique II atacaban sus posesiones del otro lado del Rin. Las pocas tropas con cuya lealtad podía contar eran insuficientes para el combate, y se vio obligado a huir. Y aun esto le resultó difícil, pues Mauricio de Sajonia se había apoderado de varios lugares estratégicos, y poco faltó para que Carlos cayera en sus manos. Cuando por fin se vio a salvo, el Emperador trató en vano de reconquistar la plaza de Metz, que los franceses habían tomado aprovechando las luchas internas del Imperio, y con la anuencia de los príncipes protestantes. Pero también ese intento se vio frustrado, y por tanto la política imperial que Carlos había forjado durante varias décadas se vino al suelo.

En el entretanto, el Emperador había dejado a su hermano Fernando a cargo de los asuntos alemanes, y éste llegó con los príncipes rebeldes al tratado de Pasau, que les devolvía la libertad a Felipe de Hesse y Juan Federico de Sajonia, y garantizaba la libertad de cultos en todo el Imperio; aunque tal libertad no se concebía en términos tales que cada cual pudiera escoger su propia religión, sino más bien en el sentido de que cada gobernante podía escoger la suya y la de sus súbditos sin que las autoridades imperiales intervinieran. Además, tal libertad se extendía solamente a quienes sostuvieran la fe católica o la de la *Confesión de Augsburgo* y por tanto no incluía a los anabaptistas ni a los reformados.

Fracasado y amargado, Carlos V comenzó a dar pasos para asegurarse del futuro de la casa de Austria. En 1555 empezó a deshacerse de sus posesiones, abdicando a favor de su hijo Felipe, primero los Países Bajos, y después sus posesiones italianas y el trono español. Al año siguiente renunció oficialmente como emperador y se retiró al monasterio de Yuste, en España, donde siguió viviendo rodeado de todos los honores imperiales, y sirviendo de consejero a su hijo Felipe II, hasta que murió dos años más tarde, en septiembre de 1558.

El nuevo emperador, Fernando I, abandonó la política religiosa de su hermano, y fue tan tolerante que muchos católicos pensaban que era protestante en secreto. Bajo su gobierno, y el de su sucesor Maximiliano II, el protestantismo continuó extendiéndose por los territorios hasta entonces católicos. Esto sucedió inclusive en la propia Austria, posesión hereditaria de Carlos V y sus sucesores, donde el protestantismo logró fuerte arraigo.

A pesar de la paz de Augsburgo, la cuestión religiosa continuó debatiéndose en Alemania, frecuentemente mediante el uso de la fuerza, aunque no hubo grandes conflictos armados hasta la Guerra de los Treinta Años, de que trataremos en otro volumen de esta historia.

El luteranismo en Escandinavia

Mientras los acontecimientos que hemos venido narrando estaban teniendo lugar en Alemania, en la vecina Escandinavia se hacía sentir también el impacto de las enseñanzas de Lutero. Empero, mientras en Alemania la Reforma y las luchas que le siguieron contribuyeron a mantener dividido el país, y a limitar el poder de la monarquía sobre los nobles, en Escandinavia sucedió lo contrario, pues los reyes abrazaron la doctrina protestante, y el triunfo de ella fue también la victoria de ellos. En teoría, Dinamarca, Noruega y Suecia eran un reino unido. Pero en realidad el rey lo era sólo de Dinamarca, donde residía. En Noruega su poder era limitado, y nulo en Suecia, donde la poderosa casa de los Sture, con el título de regentes, era dueña del poder. En la propia Dinamarca, la autoridad real se hallaba limitada por el poder de la aristocracia y de la jerarquía eclesiástica, que defendían sus viejos privilegios contra todo intento de extender el poderío del rey. Además, puesto que la corona era electiva, en cada elección los magnates, tanto seculares como religiosos, forzaban al nuevo soberano a hacerles concesiones mayores. Oprimido por los grandes señores eclesiásticos y seculares, el pueblo no tenía otro recurso que someterse a cargas onerosas e impuestos arbitrarios.

Al estallar la Reforma en Alemania, quien ocupaba el trono escandinavo era Cristián II, cuñado de Carlos V por haberse casado con su hermana Isabel (nieta de la gran reina de España). Puesto que los suecos no le permitían ser rey efectivo de ese país, apeló a su cuñado y a otros príncipes, y con recursos mayormente extranjeros invadió a Suecia y se hizo coronar en Estocolmo. Aunque había prometido respetar la vida de sus enemigos suecos, pocos días después de su coronación ordenó la terrible "matanza de Estocolmo", en la que hizo ejecutar a los principales aristócratas y eclesiásticos del país.

La matanza de Estocolmo causó fuertes resentimientos, no sólo en Suecia, sino también en Dinamarca y Noruega, donde los nobles y los prelados comenzaron a temer que, tras destruir la aristocracia sueca, el Rey haría lo mismo con ellos. Aunque uno de los propósitos de Cristián parece haber sido librar al pueblo de la opresión a que estaba sometido, su crueldad en Estocolmo, y la propaganda eclesiástica, pronto le hicieron perder toda popularidad en el país.

Cristián trató entonces de utilizar el movimiento reformador como instrumento para su política. Poco antes habían aparecido los primeros predicadores luteranos en Dinamarca, y el pueblo parecía inclinarse hacia las nuevas doctrinas. Pero a pesar de ello la nueva política de Cristián tampoco tuvo los resultados apetecidos, pues sólo sirvió para aumentar la enemistad de los prelados hacia él, mientras los protestantes no confiaban en las promesas del autor de la matanza de Estocolmo. A la postre estalló la rebelión, y Cristián tuvo que huir. Ocho años más tarde, con el apoyo de varios señores católicos del extranjero, desembarcó en Noruega y se declaró campeón de la causa católica. Pero su tío y sucesor, Federico I, lo derrotó e hizo prisionero: condición en la que quedó hasta su muerte, veintisiete años más tarde.

Al ascender al trono, Federico I había prometido no atacar el catolicismo, ni introducir el protestantismo en el país. Pero él mismo era de convicciones luteranas, y además las doctrinas reformadoras se habían ido abriendo paso entre el pueblo y los nobles. La política del nuevo rey fue abstenerse de toda intervención en las cuestiones religiosas, y dedicarse a afianzar su poder en Dinamarca renunciando a toda pretensión sobre Suecia y permitiéndole a Noruega elegir su propio rey. Puesto que el reino del norte lo eligió a él, Federico logró retener algo de la vieja unión de los países escandinavos, sin tener que apelar a los métodos tiránicos de su predecesor. Mientras todo esto sucedía, y con la anuencia del Rey, el protestantismo se iba haciendo fuerte en el país, tanto entre el pueblo como entre los nobles. Por fin, en la dieta de Odensee en 1527, el protestantismo fue oficialmente reconocido y tolerado. A partir de entonces la doctrina luterana avanzó rápidamente, y cuando Federico murió en 1533 la mayoría del país la seguía.

Los partidarios del catolicismo, con ayuda extranjera, trataron de imponer entonces un rey católico. Pero el pretendiente fue derrotado, y el nuevo rey, Cristián III, luterano convencido que había estado presente en la dieta de Worms, tomó medidas para que todo el país se hiciera protestante. Tras limitar el poder de los obispos, le pidió a Lutero que le enviara quien le pudiera ayudar en la obra de reforma, y a la postre la iglesia danesa se suscribió a la *Confesión de Augsburgo*. Mientras tanto, en Suecia los acontecimientos tomaban un curso semejante. Cuando Cristián II trató de apoderarse del país, tenía entre sus prisioneros a un joven sueco, de nombre Gustavo Ericsson, mejor conocido como Gustavo Vasa. Este escapó, y desde el extranjero hizo todo lo posible por oponerse a Cristián. Cuando supo de la matanza de Estocolmo, en que murieron varios de sus parientes cercanos, regresó en secreto al país. Vestido pobremente, y trabajando como jornalero, se cercioró del sentimiento popular contra la ocupación danesa, y por fin se alzó en armas al mando de una banda desorganizada de gente del pueblo. Poco a poco su nombre se fue volviendo una leyenda, y en 1521 los rebeldes lo proclamaron regente, y rey dos años después. A los pocos meses, quien había empezado su campaña en las inhóspitas regiones del norte, entró triunfante en Estocolmo, en medio del regocijo popular.

Empero el título real conllevaba poca autoridad, pues los nobles y prelados aspiraban a retener su poder, en algunos casos eclipsado por la invasión danesa. La política del nuevo rey, basada tanto en el cálculo como en la convicción, fue sagaz. Sus más fuertes medidas fueron dirigidas contra los prelados, tratando siempre de no enemistar a los nobles, pero sobre todo de ganarse la simpatía de los campesinos y de los ciudadanos. Cuando dos obispos incitaron una rebelión y fueron derrotados, los dos jefes fueron juzgados y condenados a muerte, pero quienes los siguieron fueron perdonados. Ese mismo año, el Rey convocó por primera vez a una asamblea nacional en la que había representantes, no sólo de la nobleza y del clero, sino también de los burgueses comunes y de los campesinos. Cuando el clero, con la ayuda de los nobles, que comenzaban a temer por sus privilegios, logró que la asamblea rechazara las medidas reformadoras propuestas por el Rey, éste sencillamente renunció, declarando que Suecia no estaba todavía lista para tener un verdadero rey. Tres días después, presionada por el caos que amenazaba al país, la asamblea le pidió a Gustavo Vasa que aceptara de nuevo la corona, y los prelados se vieron desamparados en sus pretensiones.

El resultado de esa asamblea, y del triunfo de Gustavo Vasa, fue que el clero, desposeído de sus riquezas y excluido a partir de entonces de las deliberaciones nacionales, perdió todo poder político. Cuando Gustavo Vasa murió en 1560, el país era protestante, con una jerarquía eclesiástica luterana, y la monarquía había dejado de ser electiva para volverse hereditaria.

X
La Reforma en los Países Bajos

Sabed que tenemos dos brazos, y
que si el hambre llega a tal punto,
nos comeremos uno para poder seguir
luchando con el otro.

Combatiente protestante en el
sitio de Leyden

Como en el resto de Europa, el protestantismo logró adherentes en los Países Bajos desde fecha muy temprana. En 1523, en la ciudad de Amberes, fueron quemados los dos primeros mártires de la causa. Pero, a pesar de haber penetrado en la región desde entonces, y de tener numerosos seguidores, el protestantismo no logró imponerse sino a costa de grandes sacrificios y largas guerras. Esto se debió particularmente a las condiciones políticas que reinaban en los Países Bajos.

La situación política

Cerca de la desembocadura del Rin, existía un complejo grupo de territorios que se conocía como las "Diecisiete Provincias", y que comprendía aproximadamente lo que hoy son Holanda, Bélgica y Luxemburgo. Estos diversos territorios habían quedado unidos bajo el señorío de la casa de Austria, y por tanto Carlos V los heredó de su padre Felipe el Hermoso. Puesto que Carlos había nacido y se había educado en la región, gozaba de gran simpatía entre los naturales, y bajo su gobierno las Diecisiete Provincias llegaron a tener más unidad que nunca antes.

Pero esa unidad política era en cierto modo ficticia. Aunque Carlos se esforzó por producir instituciones comunes, durante todo su reinado cada territorio conservó buena parte de sus viejos privilegios y forma particular de gobierno. Además, no existía entre ellos unidad cultural, pues mientras en el sur se hablaba el francés, el holandés era el idioma del norte, y entre ambos existía una amplia zona de lengua flamenca. En lo eclesiástico, la situación era todavía más compleja, pues la jurisdicción de las diversas diócesis no concordaba con las divisiones políticas, y buena parte de los Países Bajos estaba supeditada a sedes de fuera de la región.

Cuando en 1555 Carlos V abdicó en Bruselas a favor de su hijo Felipe esperaba que éste continuara su política de unificación de la zona. Y esto fue precisamente lo que intentó Felipe. Pero lo que su padre había comenzado no era fácil de continuar. Carlos era visto en los Países Bajos como flamenco, y de hecho ese idioma fue siempre el que habló con más naturalidad. Felipe, por su parte, se había educado en España, y tanto su habla como su perspectiva eran esencialmente españolas. Cuando, en 1556, recibió de su padre la corona de sus bisabuelos los Reyes Católicos, a ella comenzó a prestarle mayor atención. Los Países Bajos y sus intereses quedaron entonces supeditados a España y los suyos. Esto a su vez creó un profundo resentimiento entre los habitantes de la región, que se opusieron tenazmente a los intentos de Felipe de terminar la unificación de las Diecisiete Provincias, y hacerlas parte hereditaria de la corona española.

La predicación de la Reforma

Desde mucho antes de estallar la Reforma protestante, había habido en los Países Bajos un fuerte movimiento reformador. No se olvide que allí tuvieron su origen los Hermanos de la Vida Común, y que Erasmo era natural de Rotterdam. Uno de los temas característicos de los Hermanos de la Vida Común era la lectura de las Escrituras, no sólo en latín, sino también en los idiomas vernáculos. Por tanto, al aparecer la Reforma protestante encontró abonado el suelo de los Países Bajos.

Pronto los predicadores luteranos llegaron a la region, y

Felipe II no continuó la política de su padre, y a la postre se vio envuelto en una larga guerra en los Países Bajos.

lograron numerosos conversos. Poco después los anabaptistas, particularmente los que seguían las enseñanzas de Melchor Hoffman, se abrieron paso en el país. Téngase en cuenta que los jefes de la Nueva Jerusalén, en Münster, eran originarios de los Países Bajos. Otros trataron de unírseles, pero fueron interceptados por las fuerzas de Carlos V, y muchos de ellos fueron muertos. Después hubo varias intentonas por parte de los anabaptistas más radicales de apoderarse de diversas ciudades, aunque ninguna de ellas tuvo buen éxito. Por último llegaron los predicadores calvinistas, procedentes tanto de Francia como de Ginebra y el sur de Alemania. A la postre, el calvinismo sería la forma característica del protestantismo de la región.

Carlos V tomó fuertes medidas contra el protestantismo. Repetidamente hizo promulgar edictos contra ese movimiento, y en particular contra los anabaptistas, que fueron los que más persecución sufrieron. La frecuencia de tales edictos es prueba fehaciente de ello. Los muertos se contaron por decenas de millares. Los jefes eran quemados; los seguidores, decapitados; y para las mujeres anabaptistas se reservaba la terrible suerte de ser enterradas vivas. Pero a pesar de todo ello el protestantismo seguía avanzando.

Hay indicios de que, hacia fines del reinado de Carlos V, comenzó una fuerte corriente de oposición a tales crueldades. Pero Carlos era un soberano popular, y en todo caso la mayoría de la población estaba todavía convencida de que los protestantes eran herejes, y merecían los castigos que se les aplicaban.

Aumenta la oposición

Felipe, que desde el principio fue impopular, aumentó esa impopularidad mediante una política que combinaba la necedad con la obstinación y la hipocresía. Con el propósito de hacer valer su autoridad en el país, especialmente después que marchó hacia España y dejó como regente a su medio hermana Margarita de Parma, acuarteló en él tropas españolas. Tales tropas tenían que sostenerse con los recursos del país, y además causaban fricciones constantes con los habitantes, que se preguntaban por qué era necesario tener allí ejércitos extranjeros. Puesto que el

Desde el Escorial, su palacio de austeridad conventual, Felipe trataba de dirigir los destinos de los Países Bajos.

país no estaba en guerra, la única explicación que cabía era que Felipe dudaba de la lealtad de sus súbditos.

A esto se sumó el nombramiento de nuevos obispos, con poderes inquisitoriales. No cabe duda de que era necesario reorganizar la iglesia en las Diecisiete Provincias; pero el procedimiento y el momento que Felipe escogió no fueron apropiados. Parte de la explicación oficial que se dio para la formación de los nuevos obispados fue que precisaba extirpar la herejía. Los habitantes de los Países Bajos sabían que en España la Inquisición se había vuelto un instrumento en manos del estado, y temían, no sin razón, que el Rey proyectara hacer lo mismo en las Diecisiete Provincias.

Para colmo de males, Felipe y la Regente no parecían prestarles atención a los más fieles de sus súbditos en el país. El príncipe de Orange, quien había sido amigo íntimo de Carlos V, y el conde de Egmont, quien le había prestado distinguidos servicios en el campo militar, fueron hechos miembros del Consejo de Estado; pero no se les consultaba sobre las cuestiones más importantes, que eran decididas por la Regente y sus consejeros foráneos. De ellos el más detestado era el obispo Granvella, a quien los naturales del país culpaban de todas las injusticias y vejaciones de que eran objeto.

Como las protestas iban en aumento, Felipe II retiró a Granvella. Pero pronto los que protestaban se dieron cuenta de que el depuesto ministro no hacía sino obedecer las órdenes de su amo, y que era el Rey mismo quien establecía las prácticas y políticas ofensivas. Enviaron entonces a Madrid al conde de Egmont, a quien Felipe recibió amablemente e hizo toda clase de promesas. El embajador regresó complacido, hasta que leyó en el Consejo la carta sellada que el Rey le había dado, en la que contradecía todas las promesas hechas. Al mismo tiempo, el Rey le enviaba a la Regente instrucciones en el sentido de que fueran promulgados los decretos del Concilio de Trento contra el protestantismo, y que fueran ejecutados todos los que se opusieran.

Las órdenes reales causaron gran revuelo. Los jefes y magistrados de las Diecisiete Provincias no estaban dispuestos a condenar al crecido número de sus conciudadanos para quienes el Rey decretaba la pena de muerte. Varios centenares de nobles

Los holandeses le enviaron una embajada, a la que el Rey trató con singular hipocresía.

y burgueses se unieron entonces en un "Compromiso" contra la Inquisición, y marcharon a presentarle sus demandas a la Regente. Cuando ésta se mostró perturbada, uno de sus consejeros le dijo que no tenía por qué temerles a "esos mendigos".

Los mendigos

Aquellas palabras cautivaron la imaginación de los habitantes del país. Puesto que sus opresores los llamaban mendigos, tal sería el nombre que se darían. La bolsa de cuero que llevaban los mendigos se volvió bandera de la rebelión. Bajo aquel símbolo el movimiento, que al principio había contado adherentes principalmente entre los nobles y los grandes burgueses, se extendió entre la población. Por todas partes se veía el estandarte de rebeldía, y las autoridades no sabían qué hacer.

Antes de llegar al campo de batalla, el movimiento fue una protesta religiosa. Por todas partes se producían reuniones al aire libre en las que se predicaba la doctrina protestante al amparo de mendigos armados, a quienes las autoridades no se atrevían a atacar por temor a causar convulsiones aun mayores. Después aparecieron pequeños grupos de iconoclastas que visitaban las iglesias y destruían sus altares, imágenes y demás símbolos de la vieja religión, al tiempo que la gente dejaba que lo hicieran. Al parecer, quienes sentían simpatías hacia ellos se gozaban de sus andanzas, mientras los católicos se maravillaban de que el cielo no fulminara a los sacrílegos.

Ante tales hechos, el Consejo de Estado no tuvo más remedio que apelar a quienes antes había despreciado, en particular a Guillermo de Orange, y pedirles que trataran de detener los excesos que se cometían. Con su lealtad de siempre, y a riesgo de su vida, Guillermo logró calmar los ánimos. Cesó la ola iconoclasta, y el Consejo suspendió la Inquisición y permitió cierta libertad de culto. Por su parte, los mendigos declararon que mientras se cumplieran las nuevas disposiciones su liga no tendría vigencia.

Pero Felipe II no era hombre que se dejara convencer por la oposición de sus súbditos. Además había declarado, con vehemente sinceridad, que no tenía intención alguna de ser "señor de herejes". Al mismo tiempo que se declaraba dispuesto a perdonar a los sediciosos y a acceder a sus demandas, estaba reuniendo tropas para invadir el país. Guillermo de Orange, que se percató de la duplicidad del soberano, trató de persuadir a sus amigos los condes de Egmont y de Horn a que todos se unieran en resistencia armada. Pero cuando sus compañeros se mostraron confiados en la sinceridad del Rey, Guillermo decidió retirarse a sus posesiones en Alemania.

La tormenta no se hizo esperar. Repentinamente se presentó en el país el duque de Alba, con una fuerza de soldados españoles e italianos. Sus órdenes eran tales, que a partir de entonces la Regente lo fue solo de nombre, mientras era él quien de veras gobernaba. Alba venía dispuesto a ahogar la rebeldía en sangre. Una de sus primeras medidas fue organizar un *Consejo de los desórdenes,* al que el pueblo pronto dio el nombre de *Consejo de sangre.* Este tribunal estaba por encima de todos los límites legales, pues, según el propio Alba le escribió al Rey, los procesos legales no permitirían condenar sino a aquellos cuyos crímenes fueran probados, y las "cuestiones de estado" requerían que se procediera de manera drástica. Los protestantes fueron condenados por herejes, y los católicos por no haber resistido la herejía. El expresar dudas acerca de la autoridad del *Consejo de los desórdenes* era alta traición. También lo era el haberse opuesto a la creación de los nuevos obispados, o el haber sostenido que las provincias tenían derechos y privilegios que el Rey no podía violar. Los muertos fueron tantos que los cronistas de la época hablan de la fetidez del aire, y de centenares de cadáveres que colgaban de árboles a la vera del camino. Los condes de Egmont y de Horn, que con cándida lealtad habían permanecido en sus territorios, fueron apresados y se comenzó juicio contra ellos. Puesto que Orange no estaba a su alcance, Alba se contentó con apresar a su hijo mayor, de quince años, quien fue llevado a España.

Guillermo de Orange reunió todos sus recursos económicos y, con un ejército mayormente alemán, invadió el país. Pero tanto esta tentativa como otra semejante poco después resultaron fallidas, pues Alba lo derrotó. Y, en represalia, hizo ejecutar a Egmont y a Horn.

Todo parecía perdido cuando las cosas comenzaron a cambiar. Orange les había dado patentes de corso a unos pocos navíos que se proponían resistir desde el mar. Estos "mendigos del mar", que al principio eran poco menos que piratas, se fueron organizando paulatinamente, y las fuerzas navales de Felipe II no bastaban para contenerlos. Durante algún tiempo, hasta que la presión española la obligó a cambiar de política, Isabel de Inglaterra les prestó asilo, y les permitió vender sus presas en puertos ingleses. Cuando esa política cambió, los "mendigos del mar" eran ya demasiado poderosos para ser fácilmente eliminados. Poco después, mediante un golpe de mano, se apoderaron de la ciudad de Brill, y a partir de entonces sus éxitos fueron notables. Varias ciudades se declararon partidarias de Guillermo de Orange, quien volvió a invadir el país contando con ayuda francesa. Pero cuando se acercaba a Bruselas supo de la matanza de San Bartolomé, cruento acontecimiento de que trataremos en el próximo capítulo, y que marcó el fin de toda posibilidad de entendimiento entre los protestantes y la corona francesa. Falto de fondos y de todo apoyo militar, Guillermo se vio obligado a despedir sus soldados, muchos de los cuales eran mercenarios. La venganza de Alba fue terrible. Sus ejércitos tomaron ciudad tras ciudad, y en todas ellas violaron los términos de la rendición. Los prisioneros fueron muertos contra todo derecho de ley, y sin juicio alguno, y varias ciudades fueron incendiadas. En algunos casos, no sólo los combatientes, sino también las mujeres, los niños y los ancianos hallaron la muerte. Solamente en el mar les quedaban esperanzas a los rebeldes. Los "mendigos" continuaban derrotando repetidamente a los españoles, y hasta hicieron prisionero a su almirante. Esto a su vez le hacía muy difícil a Alba recibir provisiones y paga para sus soldados, que pronto comenzaron a amotinarse. Fue entonces cuando Alba, cansado de su larga lucha, y quizá amargado porque España no parecía prestarle todo el apoyo necesario, pidió que se nombrara a otro en su lugar.

El nuevo general español, don Luis de Zúñiga y Requesens, trató de ganarse a los habitantes católicos del país, cuyo número era mayor en las provincias del sur, y separarlos así de los protestantes del norte, contra quienes continuó la guerra. Hasta entonces, la cuestión religiosa había sido sólo un elemento más en lo que en realidad era una rebelión nacional contra el yugo extranjero. Guillermo de Orange, el jefe de la rebeldía, había sido católico liberal por lo menos hasta su exilio en Alemania, y sólo en 1573 se declaró calvinista. La política de Requesens contribuyó a subrayar el motivo religioso del conflicto, y por tanto las provincias del sur, en su mayoría católicas, empezaron a separarse de los protestantes.

Esto a su vez hacía más desesperada la causa protestante, que parecía ser vencedora solamente en el mar, mientras en tierra era derrotada repetidamente. La crisis vino por fin en el sitio de Leyden, importante ciudad comercial que se había declarado protestante, y que estaba ahora sitiada por las tropas españolas. Un ejército enviado por Guillermo de Orange para romper el cerco fue vencido por los españoles, y en la batalla murieron dos hermanos de Guillermo. Todo estaba perdido cuando este jefe, a quien sus enemigos llamaban "el Taciturno" por lo que era en realidad su ecuanimidad, sugirió que se abrieran los famosos diques holandeses, y que se anegara la llanura que rodeaba a Leyden. Esto significaba la destrucción de largos años de paciente labor, pero los ciudadanos concordaron, mientras los sitiados continuaban ofreciendo heroica resistencia, en medio de un hambre espantosa. Aún después de tomada tan drástica decisión, el agua tardó cuatro meses en llegar a Leyden. Pero los defensores resistieron. Con las olas llegaron los mendigos del mar, gritando: "¡Antes turcos que papistas!" y obligaron a los españoles a retirarse.

En eso murió Requesens. La soldadesca española, falta de jefe y de paga, se amotinó y se dedicó a saquear las ciudades del sur, que eran su presa más fácil. Esto a su vez unió a todos los habitantes de las diversas provincias, que se reunieron en Gante en 1576 y firmaron un tratado, la *Pacificación de Gante,* que establecía una alianza entre las provincias, a pesar de todas las diferencias religiosas. En ello vio Guillermo de Orange un gran triunfo, pues su opinión había sido siempre que la intolerancia y el partidismo religiosos eran un obstáculo al bienestar de las provincias.

El próximo regente, don Juan de Austria, medio hermano bastardo de Felipe, sólo pudo entrar en Bruselas después de acceder a la *Pacificación de Gante.* Pero Felipe II no se daba por vencido. Un nuevo ejército invadió el país, y una vez más las provincias del sur se mostraron dispuestas a capitular. Entonces las del norte, contra la voluntad de Orange, formaron una liga aparte, para la defensa de sus libertades y de su fe.

La lucha continuó largos años. Dueños de las provincias del sur, los españoles no podían tomar las del norte. En 1581 Felipe II publicó una proclama prometiéndole enorme recompensa a quien asesinara a Guillermo el Taciturno. Este y los suyos respondieron con un *Acta de abjuración,* en la que por fin se declaraban completamente independientes de toda autoridad real. Pero tres años más tarde, tras varias intentonas fallidas, Guillermo cayó, muerto por un asesino en busca de la recompensa. Como era de esperarse, dado el carácter de Felipe II, el Rey de España se negó primero a cumplir lo prometido, y a la postre pagó sólo una porción.

La muerte de Guillermo el Taciturno pareció por un momento poner la rebelión en peligro. Pero su hijo Mauricio, de diecisiete años al morir su padre, resultó ser todavía mejor general, y dirigió sus fuerzas en una serie de campañas sumamente exitosas.

Por fin, en 1607, España dio señales de considerarse vencida, y se firmó una tregua que a la postre llevó al reconocimiento de la independencia de la nueva nación protestante, que para ese entonces era mayormente calvinista.

XI
El protestantismo en Francia

Nuestras cámaras, nuestros lechos vacíos,
Nuestros bosques, nuestros campos, nuestros ríos
Sonrojados de tanta sangre inocente,
Guardan silencio, y en silencio elocuente
Piden venganza, venganza, venganza...

Cancionero hugonote del siglo XVI

Al comenzar el siglo XVI, pocas naciones europeas habían alcanzado el grado de unidad de que Francia gozaba. Y sin embargo, durante ese siglo, fueron pocos los países que se vieron tan divididos como ella. La causa de ello fue el conflicto entre protestantes y católicos, que en Francia llevó a largas guerras fratricidas.

Francisco I y Enrique II

Quien reinaba en Francia cuando estalló la Reforma era Francisco I, el último gran rey de la casa de los Valois. Su política religiosa fue siempre ambigua y vacilante, pues no deseaba que el protestantismo se introdujera en sus territorios y los dividiera, pero al mismo tiempo se gozaba de los avances de esa fe en Alemania, que entorpecían la política de su rival Carlos V. Luego, aunque nunca apoyó a los protestantes franceses, su actitud hacia ellos varió con las necesidades de los tiempos. Cuando buscaba un acercamiento con los protestantes alemanes, se le hacía difícil perseguir a quienes en Francia eran de la misma persuasión, y entonces éstos gozaban de un respiro. Pero cuando las circunstancias cambiaban la persecución volvía. En medio de tales vaivenes, el protestantismo francés seguía creciendo, no sólo entre el pueblo, sino también entre los nobles. Además, la misma política oscilante del Rey obligó a muchos franceses a exiliarse —Calvino entre ellos— y desde el extranjero tales personas seguían con interés los acontecimientos de su patria, e intervenían en ellos cuando les era posible.

Mientras tanto, en el vecino reino de Navarra, la hermana de Francisco, Margarita de Angulema, esposa del rey Enrique, alentaba el movimiento reformador. Margarita era una mujer erudita que antes de ser reina de Navarra, cuando todavía vivía en Francia, había apoyado a los humanistas franceses, y que después hizo de su corte un refugio para los protestantes que venían huyendo del país de su hermano. Uno de los miembros del círculo de sus protegidos en Francia fue Guillermo Farel, quien después jugó un papel importante en la reforma suiza, según hemos visto.

Desde Navarra, y desde ciudades fronterizas tales como Estrasburgo y Ginebra, los libros y predicadores protestantes se infiltraban constantemente en Francia, difundiendo su fe. Pero a pesar de todo ello no tenemos noticias de grupos organizados como iglesias sino años después, en 1555.

Francisco I murió en 1547, y lo sucedió su hijo Enrique II, quien continuó la política de su padre, aunque su oposición al protestantismo fue más constante y cruel. A pesar de ello, y de los muchos muertos que la persecución produjo, la nueva fe continuó abriéndose paso en el país. En 1555, como hemos dicho, se organizó la primera iglesia, siguiendo los patrones trazados por Calvino. Y cuatro años más tarde, cuando se reunió el primer sínodo nacional, había iglesias organizadas en todo el país. Aquel sínodo, que se reunió en secreto en las afueras de París, redactó una *Confesión de fe* y una *Disciplina* para la naciente iglesia.

Francisco II y la conspiración de Amboise

Poco después de ese primer sínodo, Enrique II fue herido en un torneo, y murió a consecuencia de ello. Dejó cuatro hijos

La fuga de una hereje. Oleo de J.E. Millais. Museo de Arte de Ponce, Puerto Rico.

varones, tres de los cuales serían sucesivamente reyes de Francia (Francisco II, Carlos IX y Enrique III), y tres hijas, entre ellas Margarita, que sería reina de Francia después de la muerte de sus hermanos. La madre de todos estos hijos era Catalina de

Médicis, mujer ambiciosa que se había visto postergada en vida de su esposo, y que ahora aspiraba a adueñarse del poder. Empero los proyectos de Catalina se vieron impedidos por la familia de los Guisa. Procedente de Lorena, esta casa, hasta entonces casi desconocida en los anales del país, había comenzado a ganar prominencia en tiempos de Francisco I. Después el general Francisco de Guisa y su hermano Carlos, cardenal de Lorena, habían sido los principales consejeros de Enrique II. Y ahora, puesto que el joven rey Francisco II no se interesaba en los asuntos de estado, estos dos hermanos eran quienes en realidad gobernaban en su nombre. Esto no era del agrado de la vieja nobleza, y particularmente de los "príncipes de la sangre", es decir, los parientes más cercanos del Rey, que se veían relegados por los advenedizos de Guisa.

Entre estos príncipes de la sangre se contaban Antonio de Borbón y su hermano Luis de Condé. El primero se había casado con Juana d'Albret, hija de Margarita de Navarra, quien había seguido las inclinaciones religiosas de su madre y se había hecho calvinista. Su esposo Antonio de Borbón y su cuñado Luis de Condé aceptaron su religión, y resultó así que el calvinismo había logrado adeptos entre los más grandes señores del reino. Al mismo tiempo, estos príncipes eran los mismos que resentían el poder de los de Guisa, quienes eran además católicos convencidos de que era necesario extirpar el protestantismo. Se fraguó así la fallida conspiración de Amboise, cuyo objeto era apoderarse del Rey, separarlo de los de Guisa, y establecer una nueva política en el país. Los principales implicados eran "hugonotes": nombre de origen oscuro que se les daba a los protestantes en Francia. Cuando la conspiración se descubrió, los que formaban parte de ella fueron encarcelados por los de Guisa, entre ellos Luis de Condé. Esto causó gran revuelo entre los nobles, tanto católicos como protestantes, quienes temían que si los de Guisa se atrevían a encarcelar, juzgar y condenar a un príncipe de la sangre, todos los privilegios de la vieja nobleza serían pisoteados.

Catalina de Médicis

En esto estaban las cosas cuando Francisco II murió inesperadamente. Catalina de Médicis intervino y tomó el título de

En esta caricatura de la época se representa a los hugonotes como perros que atacan tanto al león de Francia como al Crucificado. Mientras uno predica y un grupo lo escucha, otro huye con las vestimentas y los vasos sagrados.

regente en nombre de su hijo de diez años, Carlos IX. Puesto que los de Guisa la habían postergado y humillado repetidamente, una de sus primeras acciones fue liberar a Condé y aliarse a los principales hugonotes para limitar el poder de los de Lorena. En esa época los protestantes del país eran ya numerosos, pues se dice que había unas dos mil congregaciones. Luego, por motivos de política y no de convicción, Catalina trató de ganarse la simpatía de los hugonotes. Los que estaban encarcelados fueron libertados, con una inocua admonición instándoles a abandonar la herejía. En Poissy la Regente reunió un coloquio al que asistieron teólogos católicos y calvinistas, con la esperanza de que pudieran ponerse de acuerdo. Cuando esos proyectos fracasaron, la Regente hizo promulgar, en 1562, el edicto de San Germán, que les concedía a los hugonotes la libertad de continuar en el ejercicio de su religión, pero les prohibía tener templos, reunirse en sínodos sin permiso del estado, recoger fondos, mantener ejércitos, etc. Luego, lo único que se les permitía a los hugonotes era reunirse para sus cultos, siempre que esto tuviese lugar fuera de las ciudades, de día y sin armas. Naturalmente, el propósito de este edicto era ganarse el favor de los protestantes, pero asegurarse de que no tuvieran poder político o militar alguno.

Los de Guisa no respetaron este edicto, sino que trataron de destruir la paz religiosa a fin de reconquistar el poder. Mes y medio después del edicto, los dos hermanos de Guisa, al mando de doscientos nobles armados, rodearon el establo en que estaban reunidos los protestantes en la aldea de Vassy, y les dieron muerte a cuantos pudieron.

La matanza de Vassy fue la causa inmediata de la primera de una larga serie de guerras religiosas que sacudieron a Francia. Tras varias escaramuzas, ambos bandos organizaron sus ejércitos y salieron al campo, los católicos al mando del duque de Guisa, y los protestantes bajo el almirante Gaspar de Coligny, uno de los hombres más respetables de la época. Los católicos ganaron las principales batallas, pero su general fue asesinado por un noble protestante, y exactamente un año después de la matanza de Vassy se llegó a un nuevo acuerdo, otra vez a base de una tolerancia limitada para los protestantes. Empero tampoco esa paz fue duradera, pues hubo otras guerras religiosas en 1567 al 68, y en 1569 al 70.

La matanza de San Bartolomé

La paz de 1570 prometía ser duradera. Catalina de Médicis se mostraba dispuesta a volver a hacer las paces con los protestantes, quizá siempre con la esperanza de que la ayudaran a limitar el poder de los de Guisa. En 1571 Coligny se presentó en la corte, y pronto hizo fuerte impresión en el joven rey, quien llegó a llamarlo "padre mío". Además, se hicieron planes para casar a Margarita, hermana del Rey y por tanto hija de Catalina, con Enrique de Borbón, hijo de Antonio de Borbón, quien era uno de los principales jefes del partido protestante.

Todo parecía marchar bien para los hugonotes, que tras largos sufrimientos podían por fin presentarse libremente en la corte y demás lugares públicos. Pero bajo las dulces apariencias se escondían otras intenciones. El nuevo duque de Guisa, Enrique, estaba convencido de que su padre había sido asesinado por orden de Coligny, y quería vengar su muerte. Catalina comenzaba a sentir celos del noble protestante cuya recia hidalguía había conquistado la admiración del Rey. Se tramó así una conspiración para deshacerse de quien era sin lugar a dudas la figura más limpia y respetable de esos tiempos turbulentos.

Los principales jefes hugonotes se encontraban en París para las bodas de Enrique de Borbón, rey de Navarra, con Margarita Valois, hermana del Rey de Francia. Las nupcias se celebraron con toda pompa el 18 de agosto, y los protestantes se gozaban de verse, no sólo tolerados, sino hasta respetados, cuando ocurrió el atentado alevoso. El almirante de Coligny iba hacia su casa, de regreso del Louvre, cuando desde un edificio que era propiedad de los de Guisa le dispararon, llevándole el índice de la mano derecha e hiriéndolo en el brazo izquierdo.

Coligny no murió, pero los airados hugonotes clamaron pidiendo justicia. El Rey tomó la investigación en serio. Se decía que el arcabuz que se había utilizado para el atentado pertenecía al duque de Guisa, y que el asesino había huido en un caballo proporcionado por la Reina Madre. Algunos añadían que el hermano del Rey, Enrique de Anjou, era parte de la conspiración. El Rey, indignado, despidió a los de Guisa de la corte.

En tales circunstancias era necesario para los conspiradores tomar medidas drásticas. De acuerdo con los de Guisa, Catalina de Médicis convenció a Carlos IX de que existía una vasta conspiración hugonote, encabezada por Coligny, para apoderarse del trono. El Rey, que nunca había mostrado independencia de criterio, lo creyó, y así quedó listo el escenario para la horrible matanza.

La noche del día de San Bartolomé, el 24 de agosto de 1572, con la anuencia del Rey, y siguiendo instrucciones de

La matanza de San Bartolomé. En la esquina inferior izquierda, el atentado contra Coligny. Su muerte se representa al lado derecho, donde se le ve sorprendido en su lecho. Después sus asesinos lo arrojan por la ventana a la calle, donde espera el duque de Guisa. En otros lugares ocurren hechos semejantes. Mientras tanto, en la esquina superior izquierda, el Rey se entretiene jugando con sus cortesanos en el patio del palacio.

Catalina de Médicis, el duque de Guisa reunió a los encargados de guardar el orden en la ciudad, y les dio sus instrucciones, indicándole a cada uno qué casas debía asaltar y quiénes serían sus víctimas. El mismo se encargó personalmente del almirante de Coligny, que convalecía todavía.

Coligny fue sorprendido en su cámara, donde fue herido repetidamente. Todavía vivo, lo arrojaron por la ventana a la calle, donde esperaba el duque, quien lo pateó y le dio muerte. Después mutilaron horriblemente su cuerpo, y colgaron lo que quedaba en el patíbulo de Montfaucon.

Mientras tanto, unos dos mil hugonotes eran muertos de igual manera. En el propio palacio real del Louvre, la sangre corría por las escaleras. Los dos príncipes de la sangre protestantes, Luis de Condé y Enrique de Borbón, rey de Navarra y cuñado del Rey, fueron llevados ante éste, donde se salvaron abjurando de su fe.

La matanza de París fue la señal para que se produjeran hechos semejantes en las provincias. Los de Guisa habían enviado órdenes en ese sentido y, aunque varios magistrados se negaron a cumplirlas, diciendo que no eran verdugos ni asesinos, los muertos se contaron en decenas de millares. La noticia conmovió al resto de Europa. Como hemos dicho, Guillermo el Taciturno, que a la sazón marchaba sobre Bruselas (y que después se casó con una de las hijas de Coligny) se vio obligado a suspender su campaña. Isabel de Inglaterra se vistió de luto. El emperador Maximiliano II, con todo y ser buen católico, expresó su horror. Pero en Roma y en Madrid los sentimientos fueron muy distintos. El papa Gregorio XIII, al principio conmovido, cuando creyó que el protestantismo había sido aplastado en Francia ordenó que se cantara un *Te Deum* en celebración de la noche de San Bartolomé, y que se hiciera lo mismo todos los años para conmemorar el supuestamente glorioso acontecimiento. En cuanto a Felipe II, se dice que al enterarse de lo sucedido rió en público por primera vez, y que ordenó también un *Te Deum* y otras celebraciones.

La guerra de los Tres Enriques

Empero el protestantismo no había muerto en Francia. Carentes de jefes militares debido a la matanza de San Bartolomé, los hugonotes se hicieron fuertes en las plazas de La Rochelle y Montauban, que un tratado anterior les había concedido, y se prepararon a luchar, no ya contra los de Guisa, sino contra el propio Rey, a quien tacharon de tirano y asesino. Pronto recibieron el apoyo de muchos católicos que, cansados de las guerras de religión, creían que el bien del país requería una política de tolerancia, y a quienes se les dio el mote de "los políticos". Mientras tanto, Carlos IX, incapaz de llevar la carga de conciencia de la noche de San Bartolomé, se mostraba cada vez menos apto para gobernar, hasta que murió en 1574.

La corona pasó entonces a su hermano Enrique de Anjou, uno de los autores de la matanza. Poco antes su madre, Catalina de Médicis, lo había hecho elegir rey de Polonia. Pero al saber de la muerte de su hermano, sin ocuparse siquiera de abdicar, corrió a París para tomar posesión del trono. Como su madre,

Enrique III no tenía más convicciones que las necesarias para tomar y retener el poder. Por tanto, cuando se persuadió de que así le convenía, hizo las paces con los protestantes, a quienes concedió libertad de culto, excepto en París.

Los de Guisa y los católicos más extremistas no tardaron en reaccionar. Con la ayuda de España, organizaron una "Santa Alianza", que les declaró la guerra a los protestantes y que llegó a contar con el apoyo indeciso del Rey, quien se encontraba en dificultades tanto políticas como económicas. Una vez más el país se vio sumido en guerras fratricidas que nada resolvían, pues los hugonotes eran incapaces de vencer a los católicos, y éstos no podían acabar con aquéllos.

Entonces la posible sucesión al trono tomó un giro inesperado. El último de los hijos de Enrique II y Catalina de Médicis, Francisco de Alençon, murió. Puesto que el Rey no tenía hijos, su heredero resultaba ser Enrique de Borbón. Este príncipe, que había quedado como prisionero en París a consecuencia de la noche de San Bartolomé, había logrado escapar en 1576 y, cambiando de religión por cuarta vez, se había vuelto a declarar calvinista. Aunque sus costumbres licenciosas (y las de su esposa Margarita de Valois) no eran del agrado de los hugonotes, alrededor de él se había vuelto a formar el núcleo de la resistencia protestante.

Los católicos no podían tolerar la posibilidad de que Francia tuviera un rey protestante. Era necesario tomar medidas antes que el trono quedara vacante. Lo que se ideó entonces fue hacer de Enrique de Guisa el presunto heredero del trono. En Lorena apareció un documento según el cual los de Guisa descendían de Carlomagno, y por tanto su derecho a la corona era superior al que tenían, no sólo los Borbones, sino también los Valois, que reinaban a la sazón.

Había entonces tres partidos, cada uno encabezado por un Enrique. El rey legítimo, Enrique III de Valois, era de los tres el menos digno y hábil. El pretendiente católico, Enrique de Guisa, no tenía más derecho al trono que el que le daba un documento a todas luces espurio. El jefe protestante, Enrique de Borbón, rey de Navarra, no pretendía que el trono francés le perteneciera, pero sí que él era el legítimo heredero.

La guerra tuvo sus suertes contrarias, hasta que Enrique de

Guisa se apoderó de París, y Enrique III acudió al método que antes él y su rival habían empleado contra los protestantes. El día antes de la Nochebuena de 1588, por órdenes del Rey, Enrique de Guisa fue asesinado en el mismo lugar desde donde quince años antes había dado órdenes para la matanza de San Bartolomé. Empero esto no le puso fin a la oposición. Nadie confiaba en un rey que repetidamente se había manchado con el asesinato político. Los católicos buscaron nuevos jefes y continuaron la lucha. Pronto la situación del Rey fue desesperada, y no le quedó más remedio que huir de París y refugiarse en el campamento de su antiguo rival, Enrique de Borbón, quien al menos lo reconocía como soberano legítimo.

Enrique de Borbón recibió al Rey con todo respeto, aunque naturalmente no le permitió determinar el curso de sus acciones políticas. Pero esta situación no duró mucho, pues un dominico, Jacobo Clemente, convencido de que tenían razón los católicos más extremistas que decían que el Rey era un tirano, y que en tales circunstancias el regicidio era permitido, se infiltró en el campamento y le dio muerte.

La muerte de Enrique III no le puso fin a la guerra. Enrique de Borbón, a todas luces el heredero legítimo, tomó el título de Enrique IV. Pero los católicos no estaban dispuestos a tener un rey protestante. Desde España, Felipe II buscaba el modo de adueñarse de Francia. El Papa declaraba que la herencia del de Borbón no era válida. En esas circunstancias, la campaña se prolongó cuatro años más, hasta que, convencido de que sólo lograría el trono si se hacía católico, Enrique cambió de religión una vez más. Aunque la frase "París bien vale una misa", que le ha sido atribuida, es probablemente falsa, no cabe duda de que expresa algo de sus sentimientos. Al año siguiente, el nuevo rey entró en París, y con ello puso fin a varias décadas de guerras religiosas.

Aunque se hizo católico, Enrique IV no olvidó a sus viejos compañeros de armas. Su actitud hacia ellos fue siempre leal y cortés, hasta tal punto que los católicos más recalcitrantes decían que todavía era hereje. Por fin, el 13 de abril de 1598, hizo promulgar el edicto de Nantes, que les concedía a los protestantes libertad de culto en todos los lugares donde habían tenido iglesias hasta el año anterior, excepto París. Además,

Enrique de Borbón, a todas luces el heredero legítimo, tomó el título de Enrique IV, y fue uno de los mejores reyes que tuvo Francia.

para garantizar su seguridad, se les concedían por un período de ocho años todas las plazas fuertes que habían ocupado en 1597.

A pesar de sus veleidades amorosas y religiosas, Enrique IV fue uno de los mejores reyes de Francia, a la que devolvió su antigua paz y prosperidad. Murió en 1610, tras un largo y memorable reinado, víctima del fanático asesino François de Ravaillac, quien estaba convencido de que todavía era un hereje protestante.

XII
La Reforma
Católica

Nada te turbe,
nada te espante;
todo se pasa,
Dios no se muda.
La paciencia
todo lo alcanza.
Quien a Dios tiene
nada le falta.
Sólo Dios basta.

Santa Teresa de Jesús

Según vimos en el tomo anterior y al principio de éste, los impulsos reformadores que corrían por Europa eran demasiado fuertes y amplios para que el protestantismo pudiera contenerlos todos. Desde antes de la protesta de Lutero, había muchos que soñaban con una reforma eclesiástica, y que tomaban medidas en ese sentido. Particularmente en España, y gracias a la obra de Isabel la Católica y de Jiménez de Cisneros, la corriente reformadora cobró gran impulso, aunque sin abandonar los cauces del catolicismo romano.

En términos generales, la reforma católica, aun después de aparecer el protestantismo, siguió las líneas trazadas por Isabel. Se trataba de un intento de reformar la vida y las costumbres eclesiásticas, de emplear la mejor erudición disponible para purificar la fe, y de fomentar la piedad personal. Pero todo esto sin apartarse un ápice de la ortodoxia, sino todo lo contrario. Los santos y los sabios de la reforma católica, como Isabel, fueron puros, devotos e intolerantes.

La idea de la tradición que sustentaba el catolicismo romano del siglo XVI puede verse en esta portada de un libro impreso en esa época. El monje escribe copiando de los libros que sostienen un papa, un cardenal y un obispo, detrás de los cuales hay una hueste de creyentes. Alrededor de todos, cinco de los autores del Antiguo Testamento (Moisés, Job, David, Isaías y Jeremías), cinco del Nuevo (Juan, Mateo, Lucas, Marcos y Pablo) y los cuatro grandes doctores de la iglesia occidental (Jerónimo, Agustín, Ambrosio y Gregorio).

La polémica contra el protestantismo

Aunque, como hemos señalado en el primer capítulo del presente tomo, la reforma católica se remonta por lo menos a tiempos de Isabel, el advenimiento del protestantismo le dio un nuevo tono. No se trataba ya sencillamente de reformar la iglesia por razón de una necesidad interna, nacida de la vida misma de la iglesia, sino, además, de la obligación de responder a quienes proponían una reforma que rechazaba buena parte de la religión medieval. En otras palabras, tras la protesta de Lutero, la reforma católica, al mismo tiempo que continuó el curso trazado anteriormente por Isabel, Cisneros y otros, se dedicó también a refutar las doctrinas protestantes.

Ya nos hemos referido a Juan Eck, el teólogo que en el debate de Leipzig llevó a Lutero a declararse husita. Aunque muchos historiadores protestantes han pretendido que Eck era un oscurantista que no tenía más interés que perseguir a los protestantes, esto no es cierto. Al contrario, Eck fue un pastor concienzudo, y un erudito que en 1537 publicó una traducción alemana de la Biblia.

Empero no todos los jefes de la reforma católica eran del mismo espíritu. Jacobo Latomo, por ejemplo, quien era rector de la universidad de Lovaina, se dedicó a atacar tanto a los protestantes como a los humanistas, arguyendo que para entender la Biblia bastaba con leerla en latín, a la luz de la tradición de la iglesia, y que el estudio de los idiomas originales de nada servía.

Luego, entre los católicos que se dedicaron a refutar a los protestantes había tanto personajes eruditos como otros de espíritu oscurantista. A la postre, fueron los primeros quienes se mostraron más capaces de responder a los retos del momento. De ellos, quizá los dos de mayor importancia fueron Roberto Belarmino y César Baronio.

Belarmino fue el principal sistematizador de los argumentos católicos contra el protestantismo. A partir de 1576, y por doce años, ocupó en Roma la recién fundada cátedra de Polémica, y hacia fines de ese período empezó a publicar su magna obra, *De las controversias de la fe cristiana,* que terminó en 1593, y que a partir de entonces se ha vuelto la principal fuente católica de argumentos contra el protestantismo. De hecho, casi todos los argumentos que escuchamos hasta el día de hoy se encuentran ya en la obra de Belarmino. Uno de los episodios más famosos en la vida de este polemista fue el juicio de Galileo, en el cual tomó parte, y que concluyó declarando herética la idea de

Jacobo Latomo se dedicó a atacar tanto a los protestantes como a los humanistas.

que la Tierra se mueve alrededor del Sol. Pero, aunque la polémica anticatólica siempre ha subrayado este incidente, el hecho es que Belarmino siempre sintió y demostró gran respeto hacia Galileo.

César Baronio fue el gran historiador del catolicismo. Los protestantes de la universidad de Magdeburgo habían empezado a publicar una gran historia de la iglesia, en la que trataban de

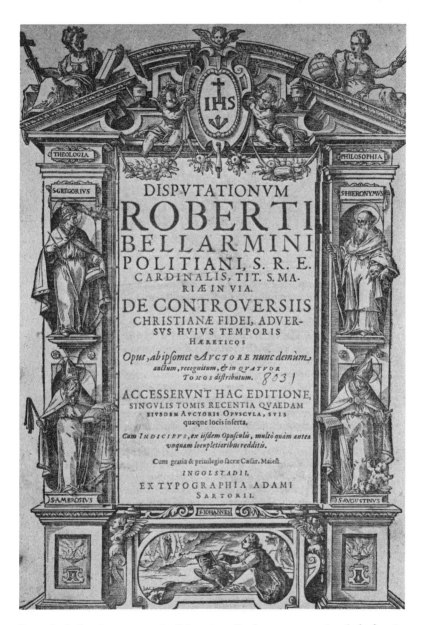

Portada de la obra magna de Belarmino, De las controversias de la fe cristiana.

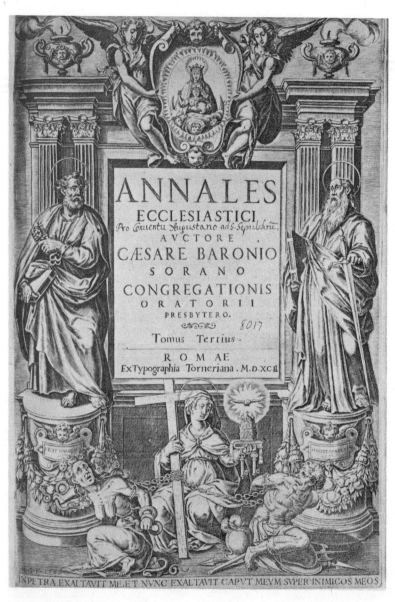

Los Anales eclesiásticos *de Baronio. Nótese, al pie de la página, cómo la herejía y el paganismo han quedado encadenados por la cruz. La iglesia, al centro, sostiene la cruz en una mano, y la Biblia en la otra. Sobre la Biblia, la tiara papal.*

Portada de uno de los volúmenes de Las centurias de Magdeburgo.

mostrar que el cristianismo original era muy distinto del catolicismo romano, y de explicar cómo se habían introducido las diversas innovaciones que los protestantes ahora trataban de eliminar. Puesto que esa historia se publicaba a razón de un volumen para cada siglo (nunca pasó del XIII) se llamaba *Las centurias de Magdeburgo*. En respuesta a ellas, Baronio escribió sus *Anales eclesiásticos*, que marcaron el comienzo de la historia de la iglesia como disciplina moderna.

Las nuevas órdenes

Al iniciarse la "era de los reformadores", eran muchos los que se dolían del triste estado a que habían llegado las órdenes monásticas. Erasmo y los humanistas criticaban su ignorancia. Isabel y Cisneros trataban de reformar las casas existentes, instándolas a volver a la estricta observancia de sus reglas. Cuando los reformadores alemanes comenzaron a cerrar los conventos y monasterios, hubo buenos católicos que no se preocuparon grandemente por ello. Lo mismo sucedió en Inglaterra cuando Enrique VIII se apoderó de las casas monásticas.

Pero esto no quiere decir que todo el monaquismo estuviera corrompido. Había innumerables monjes y monjas que estaban convencidos de que era necesario reformar la vida monástica, y que se dedicaron a ello. Así comenzaron a aparecer en diversas partes de Europa nuevas órdenes. Algunas de ellas eran un intento de volver a la antigua observancia, mientras otras iban más lejos, y trataban de crear nuevas organizaciones que pudieran responder mejor a las necesidades de la época. Quizá el mejor ejemplo de las primeras sea la orden de carmelitas descalzas, fundada por Santa Teresa; y de las segundas, la de los jesuitas, que le debe su existencia a San Ignacio de Loyola.

Teresa pasó la mayor parte de su juventud en Avila, donde su padre y su abuelo se habían establecido después de haber sido condenados por la Inquisición de Toledo a llevar sambenitos. Desde niña se sintió atraída hacia la vida monástica, aunque al mismo tiempo la temía. Cuando por fin se unió a las monjas del convento carmelita de La Encarnación, en las afueras de Avila, lo hizo contra la voluntad de su padre. Allí se volvió una monja popular, pues su ingenio y su encanto eran tales que lo mejor de la inteligencia abulense acudía a charlar con ella. Hastiada de esa vida, que no le parecía ser un verdadero cumplimiento de sus votos monásticos, se dedicó a leer obras de devoción. Cuando la Inquisición prohibió la lectura de los libros que le habían sido de más ayuda, tuvo una visión en la que Jesús le dijo: "No temas, yo te seré como un libro abierto". A partir de entonces sus visiones fueron cada vez más frecuentes.

Llevada por tales visiones, decidió abandonar La Encarnación, y fundar, también en las afueras de Avila, el convento de San José. Tras mucha oposición, logró que su misión fuera reconocida, y a partir de entonces se dedicó a fundar conventos por toda Castilla y Andalucía, lo que le valió el mote de "fémina andariega". Símbolo de su reforma de la antigua orden de los carmelitas eran las sandalias que llevaban ella y sus monjas, y por las que se les conoce como "carmelitas descalzas".

San Juan de la Cruz colaboró estrechamente con Santa Teresa, quien a través de él pudo extender su reforma a las casas de varones. Por tanto, Santa Teresa fue la primera mujer en toda la historia de la iglesia en fundar, no sólo una orden femenina, sino también otra para hombres, la de los carmelitas descalzos.

Al mismo tiempo que se ocupaba de estas labores, que requerían gran genio administrativo y sensibilidad pastoral, Teresa fue una mística dedicada a la contemplación de Jesús, que en una visión contrajo con ella nupcias espirituales. Sus obras místicas, entre las que se cuentan *Camino de perfección* y *Moradas del castillo interior,* han llegado a gozar de tal autoridad que en 1970 Paulo VI la declaró "doctora de la iglesia universal". Fue la primera mujer en gozar de tal título, que le ha sido conferido también a Santa Catalina de Siena.

Mientras la reforma de Santa Teresa iba dirigida a la vida monástica, y a la observancia más estricta de la vieja regla de los carmelitas, la de San Ignacio de Loyola, algo anterior, iba dirigida hacia afuera, en un intento de responder a los retos que su época le planteaba a la iglesia.

Ignacio era el hijo menor de una vieja familia aristocrática, y había soñado con alcanzar gloria mediante la carrera militar cuando, en el sitio de Pamplona, fue herido en una pierna, que nunca sanó debidamente. En su lecho de dolor y amargura, se dedicó a leer obras de devoción, hasta que tuvo una visión que

Ignacio de Loyola.

él mismo cuenta en su *Autobiografía,* escrita en tercera persona:

> Estando una noche despierto, vido claramente una imagen de nuestra Señora con el santo Niño Jesús, con cuya vista por espacio notable recibió consolación muy excesiva, y quedó con tanto asco de toda la vida pasada, y especialmente de cosas de carne, que le parecía habérsele quitado del alma todas las especies que antes tenía en ella pintadas.

Entonces marchó en peregrinación a la ermita de Monserrate, donde, en un rito parecido a las antiguas prácticas de caballería, se dedicó a la Virgen y confesó todos sus pecados. De allí se retiró a Manresa, para dedicarse a la vida eremítica. Pero todo esto no bastaba para calmar su espíritu, atormentado, como antes el de Lutero, por un profundo sentido de su propio pecado. Dejemos que él mismo nos cuente su experiencia:

> Mas en esto vino a tener muchos trabajos de escrúpulos. Porque, aunque la confesión general que había hecho en Monserrate había sido con asaz diligencia y toda por escrito, [...] todavía le parecía a las veces que algunas cosas no había confesado, y esto le daba mucha aflicción; porque, aunque confesaba aquello, no quedaba satisfecho.
>
> Mas [...] el confesor vino a mandarle que no confesase ninguna cosa de las pasadas, si no fuese alguna cosa tan clara. Mas, como él tenía todas aquellas cosas por muy claras, no aprovechaba nada este mandamiento, y así siempre quedaba con trabajo. [...]
>
> Estando en estos pensamientos, le venían muchas veces tentaciones, con grande ímpetu, para echarse de un agujero grande que aquella su cámara tenía y estaba junto del lugar donde hacía oración. Mas, conociendo que era pecado matarse, tornaba a gritar: "Señor, no haré cosa que te ofenda". [...]

Tales eran los tormentos por los que pasó el futuro fundador de la orden de los jesuitas antes que, sin que él mismo nos explique cómo ni por qué, conoció la gracia de Dios, "y así de aquel día adelante quedó libre de aquellos escrúpulos, teniendo por cierto que nuestro Señor le había querido librar por su misericordia".

Todo esto muestra que hay un paralelismo estrecho entre la experiencia de Lutero y la de Ignacio de Loyola. Pero, mientras el monje alemán se lanzó entonces por un camino que a la postre lo llevó a romper con la iglesia católica, el español hizo todo lo contrario. A partir de entonces se dedicó, no ya a la vida monástica de quien busca su propia salvación, sino al servicio de la iglesia y su misión. Primero fue a Palestina, el lugar que durante siglos había sido el centro de atracción del alma europea, con la esperanza de ser misionero entre los turcos. Pero los franciscanos que a la sazón trabajaban allí temieron los problemas que podría crear aquel español de espíritu fogoso, y lo obligaron a abandonar la región. Entonces decidió que le era necesario estudiar teología para poder servir mejor a la iglesia. Aunque era ya mayor, regresó a las aulas, y estudió en Barcelona, Alcalá, Salamanca y París. Pronto se congregó alrededor de él un pequeño grupo de compañeros, atraídos por su fe ferviente y su entusiasmo. Por fin, en 1534, regresó a Monserrate con sus compañeros, y allí todos hicieron votos de pobreza, castidad y obediencia al papa.

El propósito inicial de la nueva orden era trabajar entre los turcos de Palestina. Pero cuando el papa Pablo III la aprobó en 1540, la amenaza del protestantismo era tal que la Sociedad de Jesús (que así se llamó la nueva orden) vino a ser también uno de los principales instrumentos de la iglesia católica para hacerle frente al protestantismo. Al mismo tiempo, los jesuitas no abandonaron su interés misionero, y en el próximo tomo de esta historia nos encontraremos repetidamente con ellos, trabajando en los más remotos rincones del globo.

Como respuesta al protestantismo, la Sociedad de Jesús fue un arma poderosa. Su organización cuasimilitar, y su obediencia absoluta al papa, le permitían responder rápida y eficientemente a cualquier reto. Además, pronto los jesuitas se distinguieron por sus conocimientos, y muchos de ellos se mostraron dignos contrincantes de los mejores polemistas protestantes.

El papado reformador

Cuando Lutero clavó sus tesis en Wittenberg, el papado estaba en manos de León X, quien tenía más interés en embellecer la ciudad de Roma, y en aumentar el prestigio y poderío de su familia (los Médicis), que en los asuntos eclesiásticos. Para él Lutero y su protesta no fueron más que una molestia y una interrupción en medio de sus planes. Por tanto, no sólo los protestantes, sino también los católicos de espíritu reformador, estaban convencidos de que la reforma religiosa que tanto se necesitaba no vendría de Roma. Mientras algunos esperaban que fueran los señores laicos quienes por fin intervinieran para poner en orden los asuntos eclesiásticos, otros revivían las viejas ideas conciliaristas, y pedían que se convocara a un concilio universal que tratara tanto de las cuestiones doctrinales planteadas por Lutero y los suyos como de la corrupción y el abuso que reinaban en la iglesia, y el modo de ponerles fin.

El breve pontificado de Adriano VI (el último papa no italiano hasta Juan Pablo II, en el siglo XX) ofreció algunas esperanzas de reforma, pues el pontífice, que antes había sido mentor de Carlos V, era un hombre de vida pura y altos ideales. Pero el nuevo papa se mostró incapaz de sobreponerse a las intrigas y los intereses de la curia, y en todo caso murió antes de poder poner en marcha sus principales proyectos de reforma.

El próximo papa, Clemente VII, era primo de León X, y su política fue muy semejante a la de su pariente. Una vez más el sumo pontífice se dedicó principalmente a embellecer a Roma, y fue sólo en ese empeño que tuvo éxito, ya que durante su reinado Inglaterra se separó de la obediencia romana, y las tropas de Carlos V tomaron y saquearon a Roma.

Pablo III, que sucedió a Clemente, es un personaje ambiguo. En ocasiones dio muestras de confiar más en la astrología que en la teología. Como el de los papas anteriores, su reinado se vio manchado por el nepotismo, pues hizo cardenales a sus nietos, todavía adolescentes, y se las arregló para hacer a su hijo duque de Parma y Piacenza. También, al igual que todos los papas renacentistas, dedicó buena parte de sus esfuerzos al embellecimiento de Roma, para lo cual le era necesario continuar los viejos sistemas mediante los cuales la riqueza de Europa fluía hacia Roma, y que eran uno de los motivos de queja de los reformadores. Pero, a pesar de todo esto, fue también un papa reformador. Fue él quien reconoció a los jesuitas, y empezó a utilizarlos tanto en el campo misionero como en la polémica con los protestantes. En 1536, nombró una comisión de distinguidos cardenales y obispos para que le presentaran un informe acerca de la reforma eclesiástica. Ese informe, que mostraba hasta qué punto había llegado la corrupción, llegó de algún modo a manos de los enemigos del papado, y pronto se convirtió en una de las principales fuentes de materiales para los protestantes en sus ataques contra esa institución. Pero es necesario recalcar, para honra de Pablo III, que el informe en cuestión fue escrito a solicitud suya, con el propósito de descubrir los abusos y eliminarlos. Pero, por otra parte, el informe mismo sirvió para hacerle ver al Papa hasta qué punto sus recursos económicos dependían de prácticas injustificadas, y cuál sería entonces el costo de una verdadera reforma. El resultado neto fue que Pablo III postergó sus proyectos reformadores, o al menos los mitigó. En todo caso, a Pablo III le corresponde la honrosa distinción de haber finalmente convocado al tan ansiado concilio reformador, que comenzó sus reuniones en Trento en 1545, y del que trataremos en la próxima sección de este capítulo.

El siguiente papa, Julio III, tuvo todos los vicios del anterior, y pocas de sus virtudes. Una vez más el nepotismo imperó en Roma, y la corte pontificia se volvió un centro de festejos y juegos, como cualquier otra corte europea. A la muerte de Julio, se ciñó la tiara papal Marcelo II, quien canceló todos los festejos que se acostumbraba celebrar en ocasión de la coronación de un nuevo papa, y llevó su repudio del nepotismo hasta la exageración. Pero su pontificado terminó con su muerte prematura.

Por fin, en 1555, el cardenal Juan Pedro Carafa fue elegido papa, y a partir de entonces el movimiento reformador echó profundas raíces en Roma. Carafa era uno de los miembros de la comisión que le había rendido informe a Pablo III acerca del estado deplorable de la iglesia, y tan pronto como fue electo se dedicó a corregir los males que antes había señalado. Fue un hombre en extremo austero y hasta rígido, que confundió la necesidad de reforma con sus deseos de imponer una exagerada uniformidad de criterios. Por ello bajo su gobierno los poderes y la actividad de la Inquisición aumentaron hasta rayar en el terror, y el *Indice de libros prohibidos* proscribió alguna de la mejor literatura católica. Pero a pesar de tales excesos, Pablo IV merece crédito por haber limpiado la curia romana, y haber puesto el papado al frente del movimiento reformador católico. En diversos grados y de distintas maneras, esa política fue seguida por sus sucesores, al menos hasta fines del período que nos ocupa.

El Concilio de Trento

El lector recordará que Lutero y varios otros reformadores apelaron repetidamente a un concilio universal. Sin embargo, durante los primeros años de la "era de los reformadores", los papas se opusieron a la convocación de tal asamblea, pues temían que renaciera el viejo espíritu del conciliarismo del siglo XV, que sostenía que la autoridad de un concilio universal era superior a la del papa. En consecuencia, no fue sino en tiempos de Pablo III, tras la ruptura definitiva entre protestantes y católicos, cuando se empezó a pensar seriamente en la posibilidad de un concilio universal convocado por el papa.

Tras largas idas y venidas que no es necesario relatar aquí, el Concilio se reunió por fin en Trento en diciembre de 1545. Carlos V había insistido en que la asamblea tuviera lugar en territorio que le perteneciera, y fue por ello que se escogió esa ciudad del norte de Italia, que era parte del Imperio. Al principio la asistencia fue escasísima, pues, aparte los tres legados papales, se reunieron en Trento 31 prelados. Y aun al final del Concilio, en 1563, los prelados presentes eran solamente 213.

Hasta entonces, los grandes concilios de la iglesia se habían dedicado a resolver unos pocos problemas, o a discutir y condenar una doctrina determinada. Pero las cuestiones que planteaban los protestantes eran tan fundamentales, y la iglesia estaba en tal necesidad de reforma, que el Concilio no se limitó a condenar el protestantismo, sino que discutió toda clase de doctrinas, al tiempo que se dedicó a reformar las costumbres del clero.

La historia de este sínodo, considerado por los católicos romanos el décimonono concilio ecuménico, fue harto accidentada. Cuando Pablo III se sintió fuerte, y sus relaciones con Carlos V se volvieron más tensas que de costumbre, le ordenó a la asamblea que se trasladara a los estados papales. Pero el Emperador les prohibió a sus obispos que se movieran de Trento, y a la postre el Concilio tuvo que ser suspendido en

The Representation of the Fathers assembled in the Council of Trent, begun about the end of the year 1545. Concluded towards the end of 1563, under y Pontificate of Paul III. Iulius III. Marcel II. Paul IV. and Pius IV. There were XXV. Sessions, in which were present VII. Cardinals, V. whereof were the Popes Legates, XVI. Ambassadours from Kings, Princes & Republicks, CCL. Patriarchs, Archbishops, Bishops, Abbots and Generals of Orders, All Divines and Doctours of the Civil and Canon Law.

El Concilio de Trento, según un grabado del siglo siguiente.

1547. Cuatro años después, en mayo de 1551, se reunió de nuevo, pero tuvo que volverse a suspender el año siguiente cuando estallaron las hostilidades entre Carlos V y los protestantes alemanes. El próximo papa, Pablo IV, estaba interesado en llevar adelante la reforma, pero no quería dejarse dominar por los españoles, y por tanto le pareció sabio no volver a convocar el sínodo. Por fin, en 1562, los obispos se reunieron otra vez, y terminaron sus sesiones en 1563. Luego, el Concilio duró desde 1545 hasta 1563, aunque estuvo en receso durante la mayor parte de ese tiempo.

Los decretos del Concilio de Trento son demasiado numerosos para resumirlos aquí. Por una parte, se ocupó de reformar la iglesia, exigiendo que los obispos vivieran en sus sedes, prohibiendo el pluralismo, regulando las obligaciones del clero, y estableciendo seminarios para la mejor preparación del ministerio. Por otra parte, se dedicó a condenar las doctrinas protestantes. En ese sentido, el Concilio declaró que la traducción latina de la Biblia conocida como "Vulgata" era suficiente para cualquier discusión dogmática, que la tradición tenía una autoridad paralela a la de las Escrituras, que los sacramentos son siete, que la misa es un verdadero sacrificio que puede ofrecerse en beneficio de los muertos, que en ella no es necesario que todos reciban tanto el pan como el vino, que la justificación es el resultado de la colaboración entre la gracia y el creyente, mediante los méritos de las buenas obras, etc.

Aquel concilio, a pesar de su historia accidentada, del escaso número de prelados que asistieron, y de los obstáculos que varios soberanos pusieron antes de permitir que los decretos fueran promulgados en sus territorios, marcó el nacimiento de la iglesia católica moderna. Esta no era exactamente igual que la iglesia medieval contra cuyas costumbres protestó Lutero, sino que era un nuevo fenómeno, producto en parte de una reacción contra el protestantismo. Durante los próximos cuatro siglos, esa reacción sería tal que la iglesia romana se vería imposibilitada de aceptar el hecho de que muchos de los elementos de la Reforma protestante, rechazados en Trento, tenían profundas raíces en la tradición cristiana. Como veremos más adelante, quizá ése sea el descubrimiento más importante que el catolicismo romano ha hecho en el siglo XX.

XIII
El protestantismo español

¡Valor, camaradas! Esta es la hora
en que debemos mostrarnos valientes
soldados de Jesucristo. Demos fiel
testimonio de su fe ante los hombres,
y dentro de pocas horas recibiremos
el testimonio de su aprobación ante
los ángeles.

Julianillo Hernández

En los capítulos anteriores hemos tratado principalmente de aquellos países en que el protestantismo logró echar fuertes raíces: Alemania, Suiza, Holanda, Inglaterra, etc. Hubo otros en donde su impacto fue menor, aunque también notable, y que no hemos discutido aquí por razones de falta de espacio. Entre estos últimos cabe mencionar Italia, Polonia, Hungría, Rusia, Grecia y otros. En cierto sentido, España pertenece también a esta segunda categoría. La historia del protestantismo en ella es una serie de persecuciones, reuniones clandestinas, muertes y exilios. A la postre, no quedaron vestigios de aquel antiguo protestantismo que puedan señalarse con certeza. Pero, por otra parte, la historia de aquellos antiguos reformadores españoles, perseguidos, exiliados, torturados y muertos, es también un capítulo importante de la nuestra, pues hablamos el mismo idioma. Por esa razón, antes de dejar la "era de los refor-

madores", debemos darle al lector al menos un atisbo de ella.*
La historia del protestantismo en España está aún por escribirse. Hay numerosos ensayos y monografías acerca de personajes o hechos relacionados. Pero un movimiento que fue en su mayor parte clandestino resulta siempre difícil de investigar, pues frecuentemente se halla oculto en episodios que el tiempo y la falta de atención se han encargado de borrar. Por tanto, lo que intentaremos hacer aquí no será narrar la historia del protestantismo español, sino ofrecer más bien un bosquejo de ella, con algunos episodios que sirvan para darle al lector una idea de la fe y el heroísmo de aquellos personajes casi olvidados.

Erasmismo, Reforma e Inquisición

Al comenzar la "era de los reformadores", había pocos países en Europa donde el espíritu reformador pareciera tener mayores probabilidades de éxito que en España. Erasmo había cifrado en ella sus esperanzas de ver una reforma según él la concebía. La obra de Isabel la Católica y de Cisneros había dado frutos, y las reformas que ellos habían emprendido, aunque distaban mucho todavía de ser universales, se iban abriendo camino. El rey Carlos, nieto de Isabel, era admirador del movimiento humanista, y se había hecho rodear de varios consejeros que pertenecían a él. Entre ellos se contaba su secretario Alfonso de Valdés, quien lo acompañó a la dieta de Worms. La universidad de Alcalá, y varias otras, se habían vuelto centros de reforma.

Entonces estalló la reforma luterana en España, y la vieja reforma española se volvió una contrarreforma. Como toda reacción, esa contrarreforma comenzó a ver enemigos, no sólo en el protestantismo, sino también en los erasmistas que no estaban dispuestos a ser tan extremistas como ella. El resultado fue que muchos de ellos se vieron obligados a abandonar el país, e impulsados a tomar actitudes más radicales con respecto a las cuestiones religiosas que se debatían.

Al mismo tiempo, la Inquisición, que hasta entonces se había

---

*Este atisbo será tanto más breve por cuanto hemos discutido el tema en otro libro publicado por la misma editorial bajo el título de *Luces bajo el almud*.

Penitenciado de la Inquisición, con sambenito.

ocupado principalmente de los supuestos judaizantes y de los moriscos falsamente convertidos, comenzó a dirigir su atención hacia los "luteranos" (título que le daban a toda persona que tomase posiciones siquiera remotamente parecidas a las de Lutero).

Todo este proceso, sin embargo, tomó algún tiempo. Durante el reinado de Carlos V fueron pocos los españoles que se sintieron atraídos por el protestantismo, y la mayoría de ellos prefirió vivir en el exilio. A principios del reinado de Felipe II las autoridades se percataron de que las ideas "luteranas" (en realidad, casi todos los protestantes españoles eran más calvinistas que luteranos) habían penetrado profundamente en el país. Fue

Juicio de la Inquisición, en la Plaza Real de Madrid (siglo XVII). Bajo un toldo que les cubre del sol, el Rey y los grandes personajes del Reino. En las gradas de la izquierda, los consejeros de la Inquisición. En las de la derecha, los acusados, cada uno acompañado por un "familiar de la Inquisición". Al frente, a la izquierda, el púlpito y el altar desde donde se predicará y se dirá la misa. Al centro, los ambones que se usarán para leer las sentencias, mientras los acusados estén de pie en las jaulas del centro. A la derecha, al frente, las efigies de cuatro herejes que serán condenados en ausencia.

Cada auto de fe iba precedido de una procesión solemne, en la que marchaban nobles, prelados y condenados.

entonces, como veremos más adelante, cuando se desató la verdadera persecución.

La reforma mística y humanista: Juan de Valdés

A Juan de Valdés, cuyo hermano Alfonso era secretario del Emperador, le cabe el honor de haber sido el primer autor "luterano" en español. Decimos "luterano", porque ése fue el título que le dieron sus enemigos. En realidad, la doctrina de Valdés nunca hubiera sido aceptada por el Reformador de Wittenberg, pues Valdés era un místico que combinaba la larga tradición mística española con el humanismo al estilo de Erasmo.

Cuando la Inquisición empezó a sospechar de él, y resultó claro que su hermano Alfonso no tendría el poder necesario para defenderlo, Juan de Valdés decidió abandonar España, y se refugió en Nápoles, que también pertenecía a Carlos V, pero donde la Inquisición no tenía el alcance que tenía en España. Allí pasó el resto de sus días dedicado a la meditación religiosa. Alrededor de él se reunió un círculo de aristócratas que admiraban sus enseñanzas. Puesto que su propósito, más que reformar la iglesia, era lograr una vida espiritual más profunda para el individuo, Valdés pudo evitar ser condenado por las autoridades eclesiásticas. A su muerte, su discípula Giulia de Gonzaga continuó reuniendo el grupo fundado por él, hasta que ella también murió.

El propio Valdés no parece haber sido verdaderamente protestante. Su énfasis en la vida del espíritu, a veces en contraposición, no sólo a los ritos externos, sino también al estudio de las Escrituras, era muy distinto de lo que predicaban los reformadores luteranos y calvinistas. Pero en todo caso varios de sus discípulos, entre ellos el famoso predicador Bernardino de Ochino, general de la orden de los capuchinos, sí se hicieron protestantes, y tuvieron que emigrar de Italia. El propio Ochino siguió una carrera accidentada, pues después de hacerse protestante y refugiarse en Ginebra comenzó a formular declaraciones contra la doctrina de la Trinidad, y a favor de las enseñanzas de Serveto, y a la postre se vio obligado a partir hacia Polonia, donde murió años después, cuando se preparaba a emigrar una vez más por cuestiones doctrinales.

Las comunidades protestantes en España

El contacto entre España, por una parte, y Alemania y los Países Bajos, por otra, no podía sino llevar a la introducción del protestantismo en la Península Ibérica. En 1519 fueron enviados a España los primeros escritos de Lutero, y al año siguiente se tradujo al español su comentario sobre Gálatas. A partir de entonces, y de manera esporádica, continuaron infiltrándose en España, principalmente procedentes de los Países Bajos, libros de esa índole. Puesto que al principio se confundía la reforma que propugnaba Erasmo con la que había sido iniciada por Lutero, los libros luteranos fueron populares en los círculos humanistas, y la Inquisición tomó medidas para descubrirlos y destruirlos. Pero todo esto no pasaba de mera curiosidad o, cuando más, de deseos de que en España se comenzara una reforma parecida a la que estaba teniendo lugar en Alemania.

Hacia fines del reinado de Carlos V se fundaron las primeras comunidades o iglesias protestantes, en Valladolid y en Sevilla.

Y aún entonces, no se trataba verdaderamente de gente que estuviera convencida de que era necesario seguir las doctrinas de Lutero o de Calvino, sino de miembros de la iglesia católica que soñaban con su reforma, y que recibían inspiración de los escritos protestantes.

Uno de los principales promotores del protestantismo español fue Julián Hernández, conocido debido a su baja estatura como "Julianillo". Cuando por fin fue apresado por la Inquisición, se comportó con singular valentía. Repetidamente fue llevado a la cámara de torturas, sin que pudieran arrancarle una abjuración, ni el nombre de alguno de sus correligionarios. Al regresar a su celda, después de largas sesiones de suplicio, se dice que iba cantando:

Vencidos van los frailes, vencidos van;
Corridos van los lobos, corridos van.

Al ser llevado a la pira después de tres años de prision y torturas, pronunció las palabras que hemos citado al principio de este capítulo, y murió de manera ejemplar.

En Sevilla, el más renombrado predicador de la catedral, el doctor Constantino Ponce de la Fuente, era parte del círculo que estudiaba las doctrinas protestantes. Además, en las afueras de la ciudad, en el convento de San Isidoro en Santiponce, el movimiento reformador había llegado hasta tal punto que toda la vida monástica se reorganizó, para dar más tiempo al estudio de las Escrituras, y menos a los ritos tradicionales.

Hacia fines de 1557 y principios de 1558, comenzó a haber indicios de que la Inquisición se aprestaba para asestar un rudo golpe a los círculos de inclinaciones protestantes. En Valladolid, el movimiento se había infiltrado entre las monjas de Santa Clara y las cistercienses de San Belén. En Sevilla, había pasado del convento de Santiponce a otras casas vecinas y se abría paso entre los laicos de toda la comarca. Quienes creían que el protestantismo era el peor mal que asolaba al mundo tenían que tomar medidas para su destrucción.

Apercibidos, los monjes de San Isidoro se reunieron para discutir la situación, y determinaron que cada cual quedaba libre para seguir el curso que le pareciera aconsejable. Doce de ellos decidieron partir por distintas rutas y reunirse un año más tarde en Ginebra. Así lo hicieron, y tras largas y diversas odiseas todos

El púlpito de Constantino Ponce de la Fuente, en Sevilla.

llegaron a la ciudad suiza. Entre los refugiados sevillanos se contaban Juan Pérez, Casiodoro de Reina y Cipriano de Valera, personajes de gran importancia en la historia de la Biblia castellana.

A los pocos días de la partida de aquellos frailes, estalló la tormenta. En Sevilla alrededor de ochocientas personas fueron llevadas a las cárceles de la Inquisición, y unas ochenta en Valladolid. En Sevilla, el tumulto fue tal que la Inquisición se vio obligada a poner guardias en el puente que separaba su castillo de Triana de la ciudad, por temor a que el pueblo tratara de libertar a los presos. Entre éstos últimos se encontraba Constantino Ponce de la Fuente, pues los inquisidores descubrieron inesperadamente algunas de sus obras, conservadas en secreto, en las que criticaba las doctrinas y prácticas más comunes del catolicismo de su época. Poco después se dieron órdenes para que en otras ciudades se procediera de igual manera, y pronto las cárceles inquisitoriales en las principales ciudades de España rebosaban de acusados.

Los procesos que se iniciaron entonces duraron largo tiempo. Constantino murió de disentería en la cárcel malsana, y los inquisidores trataron de manchar su memoria diciendo que se había suicidado ingiriendo vidrio molido. Muchos de los acusados confesaron su "herejía", abjuraron de ella, y fueron condenados a diversas penas. Pero contra la mayoría se siguió un juicio tan prolongado que muchos murieron antes de recibir veredicto alguno.

El primer "auto de fe" contra los protestantes se celebró en Valladolid el 21 de mayo de 1559, y en él catorce personas fueron muertas, mientras otras dieciséis fueron castigadas públicamente de distintos modos. En el segundo, celebrado en la misma ciudad el 8 de octubre de ese año, los muertos fueron trece, y dieciséis los castigados de otro modo. En Sevilla, donde el número de los acusados era mayor, el primer auto de fe tuvo lugar el 24 de septiembre, y en él los condenados a morir fueron veintiuno. Entre ellos estaban cuatro frailes de San Isidoro, que habían decidido permanecer allí cuando sus hermanos partieron hacia Ginebra. El segundo auto de fe sevillano tuvo lugar más de un año después, el 22 de diciembre de 1560, y en él murió Julianillo Hernández, junto a otros trece compañeros de fe. A partir de entonces los autos de fe se multiplicaron, y durante cada uno de los próximos diez años hubo al menos una docena de ellos. Luego, el número de los condenados a muerte por ser "luteranos" fue considerable. Y mucho mayor fue el de los que

In eccl̄ia volo qn̄q̄ ver
ba ſenſu meo loqui: vt
alios inſtruaz. Paul⁹
p̄me coz.xiliī. capīte.

Doctrina criſtia=

na:mas cierta y v̄daora pa gēte ſin eruoi
ció y letras:en q̄ ſe cōtiene el catcciſmo o in
foz̄maciō pa indios cō todo lo principal y
neceſſario q̄ el xp̄iano ocue ſaber y obz̄ar.

¶ Impreſſa en Mexico poz māoado del Reuerēdiſſimo ſe‡
ñoz Dō fray Juan Cumarraga:pz̄imer Obp̄o de Mexico.

Aunque Constantino Ponce de la Fuente murió en las cárceles de la Inquisición, su Suma de doctrina cristiana, *publicada sin el nombre de su autor
por el obispo Zumárraga, fue una de las primeras obras impresas en el Nuevo Mundo.*

recibieron condenas menores, tales como confiscación de bienes, prisión perpetua, llevar sambenitos, etc. Pero a pesar de ello, hacia fines de ese siglo, todavía la Inquisición se veía obligada a continuar buscando y condenando a quienes persistían en sus inclinaciones protestantes.

Los protestantes exiliados

En vista de la persecución que los amenazaba constantemente, fueron muchos los protestantes españoles que decidieron abandonar su patria y establecerse en otros lugares. Pronto hubo iglesias protestantes españolas en Amberes, Estrasburgo, Ginebra, Hesse y Londres. Dada la inestabilidad política de los tiempos, los miembros de tales comunidades se vieron a veces obligados a emigrar de nuevo, como sucedió en Amberes cuando el duque de Alba tomó la ciudad.

La obra más notable de esos exiliados fue la traducción de la Biblia al castellano.* En 1543, en Amberes, Francisco de Enzinas publicó su versión del Nuevo Testamento, basada sobre el texto griego de Erasmo. Iba dedicada al emperador Carlos V, a quien Enzinas se la presentó personalmente en Bruselas. El monarca le prometió estudiarla, y se la hizo llegar a su confesor. El resultado fue que Enzinas fue encarcelado por fomentar la herejía. Quince meses permaneció preso, hasta que un buen día encontró abiertas las puertas de su cárcel, y escapó.

En 1556, Juan Pérez, uno de los sevillanos que habían huido antes de estallar la persecución, publicó su versión del Nuevo Testamento, y poco después la de los Salmos. Cuando murió, en París, dejó toda su herencia para la publicación de una Biblia castellana.

Empero el gran héroe de esa empresa fue Casiodoro de Reina. Al igual que sus compañeros de convento, Casiodoro había llegado a Ginebra huyendo de los rigores de la Inquisición, y pronto comenzó a no sentirse a gusto, y a decir que Serveto había sido quemado "por falta de caridad", y que Ginebra se había vuelto "una nueva Roma". A partir de entonces se vio

*Esta misma editorial ha publicado un magnífico estudio sobre este tema, que aquí sólo podemos tratar someramente: Enrique Fernández y Fernández, *Las Biblias castellanas del exilio.*

LA BIBLIA,
QVE ES, LOS SA-
CROS LIBROS DEL
VIEIO Y NVEVO TE-
STAMENTO.

Trasladada en Eſpañol.

רבר אלחינו יקומי לעולם

La Palabra del Dios nueſtro permanece para ſiempre. Iſa. 40.

M. D. LXIX.

La primera edición de la traducción de Casiodoro de Reina se conoce como "La Biblia del Oso", por razón del grabado que aparece en la primera página.

El monasterio de San Isidoro, en Santiponce, de donde huyeron Casiodoro de Reina, Cipriano de Valera y otros. Podría decirse que este monasterio fue la cuna de la Biblia castellana.

obligado a exiliarse repetidamente, en Francfort, Londres, Amberes, etc. Tras largas penurias y contratiempos, pudo por fin ver publicada su Biblia en 1569. Su vida, que nos hemos visto obligados a relatar aquí en unas pocas líneas, es uno de los capítulos más dramáticos de toda la "era de los reformadores".

Algunos años más tarde, en 1602, Cipriano de Valera publicó la revisión de la Biblia de Casiodoro que llegó a ser la versión de las Escrituras más usada entre protestantes de lengua española, hasta el siglo XX.

XIV
Una edad convulsa

Dios es nuestro amparo y fortaleza,
Nuestro pronto auxilio en las
tribulaciones.
Por tanto, no temeremos, aunque la
tierra sea removida,
Y se traspasen los montes al corazón
del mar;
Aunque bramen y se turben sus aguas,
Y tiemblen los montes a causa de su
braveza.

Salmo 46:1–3

La era que acabamos de narrar fue una de las más convulsas de toda la historia del cristianismo. En poco menos de un siglo, el edificio de la cristiandad medieval comenzó a derribarse. El viejo ideal de una sola iglesia con el papa a la cabeza, que nunca había sido aceptado en el Oriente, perdió también su vigencia en el Occidente. A partir de entonces, el cristianismo occidental se vio dividido en varias tradiciones que, aunque posteriormente se acercaran entre sí, reflejaban enormes diferencias.

Al comienzo del siglo XVI, a pesar de la corrupción que existía en la iglesia, y de las muchas personas que se dolían de ella y soñaban con una reforma, todos seguían pensando que la iglesia era esencialmente una, y que esa unidad debía reflejarse en su estructura y jerarquía. De hecho, los principales reformadores partieron de esa posición, y fueron pocos los que llegaron a negarla rotundamente. Para los jefes del protestantismo, la unidad de la iglesia era una de sus características esenciales y por tanto, aunque de momento fuera necesario quebrantarla a fin de ser fieles al mensaje bíblico, esa misma fidelidad exigía que se continuara haciendo todo lo posible por volver a la unidad perdida.

También se daba por sentado, al iniciarse aquella "era de los reformadores", que un estado dividido por cuestiones de religión no podía subsistir. Desde poco después de la conversión de Constantino, los cristianos se habían acostumbrado a pensar, como antes lo habían hecho los paganos, que un estado tenía que decidirse por una religión, y que dentro de él todos tenían que someterse a ella. Con la sola excepción de los judíos (y, en España, de los musulmanes), quienes vivían en un estado cristiano debían ser cristianos y fieles hijos de la iglesia.

Este modo de entender la unidad nacional, o la relación entre la fe y el estado, fue la causa fundamental de las repetidas guerras religiosas que sacudieron todo el siglo XVI (y también el siguiente). A la postre, y en unos lugares antes que en otros, se fue llegando a la conclusión de que tal unidad de creencias no era necesaria para la seguridad del estado, o al menos que, aunque deseable, su precio sería demasiado elevado. Esto fue lo que sucedió, por ejemplo, en Francia, donde el edicto de Nantes puso de manifiesto el fracaso de la política anterior que trataba de forzar a todos los franceses a aceptar la misma persuasión teológica. Con ello se comenzó un largo proceso que tendría enormes consecuencias, pues poco a poco los diversos estados de Europa se vieron obligados a adoptar una política de tolerancia religiosa, en la que se permitía la existencia de diversas opiniones teológicas. Y de allí se pasó a la idea, más moderna, del estado laico, que fue deplorada por algunas iglesias, según veremos más adelante, pero que era consecuencia de la diversidad que comenzó a manifestarse en el siglo XVI.

También en ese siglo acabó de derrumbarse el sueño de un imperio universal. El último emperador que, siquiera de un modo limitado, pudo abrigar tales ilusiones fue Carlos V. A partir de entonces los llamados "emperadores" no fueron más que reyes de Alemania, y aun allí su poder era un tanto precario por el carácter electivo de esa dignidad.

Por último, la idea conciliarista también se vino al suelo. Durante varias décadas los reformadores estuvieron esperanzados de que un concilio universal les daría la razón, y pondría en orden la casa del papa. Lo que sucedió fue todo lo contrario, pues el papado puso en orden sus propios asuntos, y cuando por fin se reunió el Concilio de Trento resultaba claro que dicha asamblea era un instrumento en las manos de los papas, y no un verdadero tribunal internacional e imparcial.

Es necesario tener en mente todo esto para comprender la vida, los hechos y el temple de quienes tuvieron que vivir en esa época, y en ella ser fieles al mandato de su Señor. Tanto entre protestantes como entre católicos hubo gigantes comparables tan sólo a aquellos de la que hemos llamado "era de los gigantes". En su derredor el mundo convulso se derrumbaba a la vez que se agrandaba (no se olvide que, cronológicamente, la "era de los reformadores" coincidió con la "era de los conquistadores" que hemos de narrar en el próximo tomo). Los viejos puntos de apoyo —el papado, el Imperio, la tradición— se tambaleaban. Como decía Galileo, la Tierra misma se movía.

Como decía Galileo, la Tierra misma se movía. El juicio de Galileo.

Las conmociones sociales y políticas eran frecuentes. El viejo feudalismo se echaba a un lado, para dejarle paso al naciente capitalismo. En una época supuestamente ilustrada, se cometían terribles atrocidades en nombre del Crucificado. Y se cometían con toda sinceridad y absoluta convicción.

Tal fue la época en que les tocó vivir a Lutero, Calvino, Knox, Menno Simons y todos los demás reformadores de quienes hemos tratado aquí. Y lo que resulta notable es la confianza que estos reformadores tuvieron en la Palabra de Dios, no sólo para darles la razón y la victoria, sino también para producir la reforma que toda la iglesia necesitaba, y de la cual lo que ellos hacían no era más que el preámbulo. Lutero y Calvino, por ejemplo, siempre creyeron que el poder de la Palabra de Dios era tal que, mientras la iglesia romana continuara teniéndola en su seno, y por mucho que se negara a escucharla, siempre quedaba en ella un "vestigio de iglesia", y esperaban el día cuando en la vieja iglesia se volviera a oír esa Palabra, y comenzara a producir reformas semejantes a las que ellos propugnaban. Fue tal confianza en el poder de la Palabra lo que les

*"La Era de la Reforma", por Wilhelm von Kaulbach. En este fresco apare-
cen varios personajes de quienes hemos tratado en este tomo, así como algunos que aparecieron en el anterior, y otros que discutiremos en el siguiente. Entre ellos se destaca (1) Cristóbal Colón, de pie ante el globo te-
rráqueo. De perfil, detrás de él, Tomás Moro (2) y Cranmer (3). Al fondo,
a la izquierda, Galileo (4) y Copérnico (5). Isabel de Inglaterra (6) se encuentra de pie entre Cranmer y un grupo al que Calvino (7) le da la comunión. En este grupo están, entre otros, Coligny y Guillermo el Taciturno.
Entre Calvino y Lutero (8) está Zwinglio (9). Más al frente, apuntando hacia Lutero, Melanchthon (10). Y al otro lado, también recibiendo la comunión, hay un grupo de luteranos (11), entre los que se halla Federico el
Sabio. La figura del frente, con las piernas y los brazos cruzados, es
Shakespeare (12), acompañado de Cervantes (13). Más atrás en el mismo
grupo, ciñendo una corona de laurel, Ulrico von Hutten (14). Sobre su
hombro se inclina el rostro de Bucero (15), mientras todos parecen escuchar a Erasmo (16), quien, de pie, les habla. Por último, en la esquina superior derecha (17), Leonardo y Rafael conversan.*

permitió, en medio de esa edad convulsa, y aun cuando su vida
peligraba, continuar cantando y viviendo el Salmo: "Por tanto,
no temeremos aunque la tierra sea removida, y se traspasen los
montes al corazón del mar".